Juliette Benzoni

Juliette Benzoni est née à Paris. Fervente lectrice d'Alexandre Dumas, elle nourrit dès l'enfance une passion pour l'histoire. Elle commence en 1964 sa carrière de romancière avec la série des *Catherine*, traduite en plus de 20 langues, série qui la lance sur la voie d'un succès jamais démenti jusqu'à ce jour. Elle a écrit depuis une soixantaine de romans, recueillis notamment dans les séries intitulées *La Florentine* (1988-1989), *Les Treize Vents* (1992), *Le boiteux de Varsovie* (1994-1996) et *Secret d'État* (1997-1998). Outre la série des *Catherine* et *La Florentine*, *Le Gerfaut* et *Marianne* ont fait l'objet d'une adaptation télévisuelle.

Du Moyen Âge aux années trente, les reconstitutions historiques de Juliette Benzoni s'appuient sur une documentation minutieuse. Vue à travers les yeux de ses héroïnes, l'Histoire, ressuscitée par leurs palpitantes aventures, bat au rythme de la passion. Figurant au palmarès des écrivains les plus lus des Français, elle a su conquérir 50 millions de lecteurs dans plus de 20 pays.

TRAGÉDIES IMPÉRIALES

DU MÊME AUTEUR
CHEZ POCKET

Le Gerfaut

1. Le Gerfaut des brumes
2. Le collier pour le diable
3. Le trésor

Marianne

1. Une étoile pour Napoléon
2. Marianne et l'inconnu de Toscane
3. Jason des quatre mers
4. Toi Marianne
5. Les lauriers de flamme - 1ère partie
6. Les lauriers de flamme - 2ème partie

Le jeu de l'amour et de la mort

1. Un homme pour le roi
2. La messe rouge
2. La contesse des ténèbres

Secret d'État

1. La chambre de la reine
2. Le roi des halles
3. Le prisonnier masqué

Le boiteux de Varsovie

1. L'Étoile bleue
2. La Rose d'York
3. L'Opale de Sissi
4. Le Rubis de Jeanne la Folle

Les Treize Vents

1. Le Voyageur
2. Le Réfugié
3. L'Intrus
4. L'Exilé

Les Loups de Lauzargues

1. Jean de la nuit
2. Hortense au point du jour
3. Félicia au soleil couchant

(Suite en fin de volume)

JULIETTE BENZONI

TRAGÉDIES IMPÉRIALES

BARTILLAT

ISBN 2-266-13133-8

À Alexis Ovtchinnikoff
l'ami de tant d'heures difficiles...
Avec tendresse

APRÈS WATERLOO...

Les dernières roses de Malmaison

L'ombre de Waterloo venait de s'abattre sur Paris incrédule. Il faisait chaud et dans cet air lourd qui les enveloppait, les Parisiens commençaient à chercher avec angoisse celui de la liberté.

Le 21 juin, à huit heures du matin, Napoléon était arrivé à l'Élysée, flanqué de Bertrand, de Drouot, de ses aides de camp Corbineau, Gourgaud, La Bédoyère, de son écuyer Canisy et de son secrétaire adjoint Fleury de Chaboulon. L'Empereur était d'une pâleur de cire et respirait difficilement. Ses traits étaient tirés, ses yeux ternis. Il regarda cette poignée d'hommes qui s'empressait autour de lui, bien petite troupe à laquelle s'étaient joints Caulaincourt et Maret, duc de Bassano. Alors, avec un soupir qui trahissait l'oppression et la souffrance, il murmura : « L'armée a fait des prodiges, mais la panique l'a prise. Tout a été perdu... Ney s'est conduit comme un fou ! Il m'a fait massacrer toute ma cavalerie... Je n'en puis plus !... Il me faut deux heures de repos pour être à mes affaires... »

Puis, il posa sa main sur sa poitrine :

– J'étouffe là !...

Il ordonna qu'on lui préparât un bain et reprit :

– Oh ! la destinée ! Trois fois, j'ai vu la victoire s'échapper. Sans un traître, je surprenais l'ennemi ; je l'écrasais à Ligny si la droite eût fait son devoir ; je l'écrasais à Mont-Saint-Jean si la gauche eût fait le sien ! Enfin, tout n'est pas perdu !...

Il le croyait encore. Il y croyait vraiment et, peut-être, en fait, tout n'eût-il pas été irrémédiablement perdu si le maître de l'heure n'eût été Fouché, si les Chambres effrayées n'eussent trop aisément tourné leurs yeux vers les Bourbons.

En effet, la nouvelle que l'Empereur était revenu se répandait dans Paris et, déjà, l'on s'attroupait autour de l'Élysée. Des cris, des appels fusaient, réclamant celui que l'on avait trop aimé pour qu'il n'en restât pas quelque chose, cependant qu'un conseil dramatique s'ouvrait à l'intérieur du Palais. Conseil au cours duquel, malgré les protestations violentes de Lucien Bonaparte, on fit entendre à Napoléon qu'il lui fallait envisager l'abdication.

Il s'y résigna difficilement, mais s'y résigna tout de même car s'il se retirait, ce serait pour laisser le trône à son fils, le petit roi de Rome. Deux jours plus tard, les Chambres votaient dans ce sens.

– Tout s'est très bien passé ! déclara triomphalement Regnaud en venant annoncer à Napoléon le vote en question.

L'Empereur eut un faible sourire.

– Que mon fils règne en paix et je serai heureux. Il ne me reste plus qu'à choisir le lieu de ma retraite.

Cette retraite, depuis deux jours, il y avait pensé et même il en avait discuté avec la reine Hortense, qui était accourue le rejoindre à l'Élysée et y jouait le double rôle d'une maîtresse de maison pleine de tact et d'une fille aimante envers un père très malheureux. Dans un mouvement né sans doute dans son goût secret pour la tragédie, Napoléon avait songé s'en remettre à l'honneur de l'Angleterre. Mais Hortense et, avec elle, le général de Flahaut et le duc de Bassano l'en avaient énergiquement dissuadé.

– Vous n'avez rien à attendre de l'Angleterre, Sire, sinon le malheur.

Il choisit alors l'Amérique, qui toujours l'avait attiré. Tout de suite, il commença ses préparatifs.

Nombreux furent ceux qui proposèrent de l'y accompagner et le banquier Laffitte fut convoqué. Il était la fidélité même et l'Empereur savait qu'il pouvait lui faire entière confiance. Il s'entendit donc avec lui pour le dépôt de sommes importantes qui lui restaient et l'ouverture d'un crédit de même valeur aux États-Unis. Quant à la traversée de l'océan, elle n'offrait guère de difficultés : en rade de Rochefort, deux frégates, la « Saale » et la « Méduse », étaient prêtes à appareiller. Et dès le soir du 23 juin, Napoléon faisait demander au gouvernement provisoire de les mettre à sa disposition et de préparer ses passeports ainsi que ceux de sa suite...

Toutefois, dans Paris, le peuple commençait à s'émouvoir sérieusement. Il n'était pas dupe de cette prétendue reconnaissance de Napoléon II par les Chambres et savait qu'elle n'était qu'illusoire. De Gand, les Bourbons guettaient l'instant de revenir et ce n'était pas un empereur de quatre ans, sans autre défense qu'une mère déjà tournée vers un nouvel amour et sans plus de consistance d'ailleurs qu'une motte de beurre, et deux ou trois poignées de dignitaires fidèles qui les en empêcheraient.

La noblesse et la bourgeoisie, elles, se cachaient à peine d'attendre Louis XVIII dont elles espéraient beaucoup. Que l'ennemi approchât de la capitale était de peu d'importance pour ceux qui ne voyaient en lui que le retour aux anciens jours et l'effacement total de la Révolution. Alors les travaux partout s'arrêtèrent, les ateliers se fermèrent et les ouvriers parcoururent Paris en bandes imposantes, portant des drapeaux tricolores et des branches vertes, criant :

– Vive Napoléon II ! Vive l'empereur ! Mort aux royalistes ! Des armes, des armes !

Ces foules tumultueuses se succédaient sans relâche aux abords de l'Élysée. Des soldats, des fédérés, des femmes, de vieux militaires s'y joignaient et tout cela hurlait à pleins poumons pour engager l'empereur à lutter encore, à ne pas s'avouer vaincu et, surtout, à ne pas se laisser manœuvrer par le gouvernement provisoire en qui tous voyaient un ramassis de traîtres et d'agents de l'étranger. Pour l'empereur vaincu, Paris retrouvait les vieilles craintes et les vieux cris de la Révolution qui, cependant, avait abattu un trône.

« *Jamais*, écrivit plus tard un témoin de ces heures brûlantes, *jamais le peuple qui paye et qui se bat ne lui avait montré plus d'attachement* ! »

Mais, bien entendu, cet attachement trop bruyant ne faisait guère l'affaire de Fouché ni de son gouvernement. On craignit que Paris ne fût à feu et à sang quand entreraient les armées du tsar et du roi de Prusse. Et l'on fit prier Napoléon de vouloir bien quitter l'Élysée pour un séjour plus calme et plus écarté où il pourrait « attendre tranquillement que tout fût prêt pour son départ ». Ce fut le maréchal Davout qui fut chargé de cette mauvaise commission.

L'entrevue fut rude. Le maréchal se montra glacial et l'empereur ne lui pardonnait pas d'avoir si vite rejoint le parti le plus fort.

– Vous entendez ces cris ? dit-il. Si je voulais me mettre à la tête de ce peuple qui a l'instinct des vraies nécessités de la patrie, j'en aurais bientôt fini avec tous ces gens qui n'ont eu du courage contre moi que lorsqu'ils m'ont vu sans défense ! On veut que je parte ? Soit ! Cela ne me coûtera pas plus que le reste !

Et ces deux hommes qui, si longtemps, avaient combattu côte à côte, se quittèrent sans même une poignée de main...

Le soir, au dîner, Napoléon se tourna vers sa belle-fille et lui dit :

– Je désire me retirer à Malmaison. C'est à vous [1]. Voulez-vous m'y donner l'hospitalité ?

Des larmes mouillèrent les beaux yeux bleus de l'ex-reine de Hollande.

– Sire, dit-elle, Malmaison appartiendra toujours à l'ombre de ma mère et vous y serez toujours chez vous !

Et, prenant à peine le temps d'achever son dîner, Hortense commanda la voiture et partit aussitôt vers le petit palais de Rueil afin de tout y préparer pour le séjour de l'empereur.

Le lendemain dans l'après-midi, Napoléon gagnait la demeure qui avait été celle de son bonheur. Rien n'y était changé et quand Hortense, dans sa longue robe blanche, l'accueillit au seuil de la grande verrière, il eut un instant l'impression que Joséphine elle-même, la Joséphine de sa jeunesse, ravissante et fine, s'était levée de son tombeau pour l'accueillir. Et ce fut avec des larmes plein les yeux qu'il la releva de sa révérence et la tint, un instant, serrée contre lui.

– Merci, dit-il seulement, merci, ma fille !

1. Hortense l'avait héritée de sa mère, l'impératrice Joséphine, morte un an plus tôt, le 29 mai 1814

À peine arrivé et tandis que sa petite suite s'installait (il y avait là le grand-maréchal Bertrand, les généraux Gourgaud et Montholon, le chambellan Las Cases, les officiers d'ordonnance Planat, Résigny, Saint-Yon, plus quelques serviteurs), il gagna la bibliothèque, s'assit au bureau d'acajou et écrivit pour son armée une ultime proclamation, une sorte de testament qui était aussi un adieu.

« *Soldats, je suivrai vos pas quoique absent. Je connais tous les corps, et aucun d'eux ne remportera un avantage signalé sur l'ennemi que je ne rende justice au courage qu'il aura déployé. Vous et moi, nous avons été calomniés. Des hommes indignes d'apprécier nos travaux ont vu dans les marques d'attachement que vous m'avez données, un zèle dont j'étais seul l'objet. Que vos succès futurs leur apprennent que c'était la patrie par-dessus tout que vous serviez en m'obéissant. Sauvez l'honneur, l'indépendance des Français. Napoléon vous reconnaîtra aux coups que vous allez porter.* »

Cette page d'histoire prit aussitôt le chemin du bureau du président du gouvernement provisoire afin d'être communiquée aux troupes qui, dans l'esprit de Napoléon, étaient désormais celles du jeune empereur, son fils. Mais Fouché craignait trop qu'après Paris, l'armée elle aussi ne prît feu. Il lut soigneusement la prose impériale, la mit dans un tiroir... et ne l'en tira plus !

Cependant, des voitures quittaient Paris et roulaient vers Malmaison. Les visiteurs affluaient. Il y eut d'abord les frères Bonaparte, Joseph, Lucien et Jérôme, puis le fidèle Savary, duc de Rovigo, qui tenait à suivre son maître en exil, le comte de La

Valette, le duc de Bassano, les généraux de La Bédoyère, Piré, Caffarelli, Chartran, enfin le banquier Laffitte auquel Napoléon, ému de l'indignation qu'il manifestait devant la contrainte que la Sainte-Alliance faisait peser sur les décisions du gouvernement provisoire, déclara :

– Ce n'est pas à moi précisément que les puissances font la guerre : c'est à la Révolution. Elles n'ont jamais vu en moi que le représentant, l'homme de la Révolution...

Le soir venu, après le souper, il prit le bras d'Hortense pour faire avec elle quelques pas dans le jardin, plein de fleurs à cette époque de l'année. Les roses, les célèbres roses de Malmaison, embaumaient et éclairaient la nuit de leur neige odorante. L'Empereur ne disait rien. Il écoutait, il respirait ces senteurs qui étaient celles d'un autrefois plein de douceur. Et puis, tout à coup, Hortense l'entendit murmurer :

– Cette pauvre Joséphine ! Je ne puis m'accoutumer à habiter ici sans elle. Il me semble toujours la voir sortir d'une allée et cueillir une des fleurs qu'elle aimait tant... C'était bien la femme la plus remplie de grâce que j'aie jamais vue !

La voix s'enroua sur les derniers mots. Alors, Napoléon se tut et, serrant un peu plus fort le bras de la jeune femme, il reprit sa promenade mélancolique.

Il avait espéré ne faire à Malmaison qu'un court séjour. Ce n'était selon lui qu'une halte ultime avant Rochefort où devaient l'attendre ses frégates mais, alors qu'il réclamait sans arrêt le droit de prendre la route, le gouvernement traînait, tergiversait. Pour Fouché, ce voyage en Amérique était aussi illusoire que la proclamation de Napoléon II empereur des Français. À aucun prix, l'ancien conventionnel – et ancien ministre de la Police – ne voulait d'un Napoléon en liberté au cœur de cette patrie de ladite liberté qu'étaient alors les États-Unis. Il était de ceux qui souhaitaient pour lui une solide détention en forteresse, ne fût-ce que pour lui apprendre à lui avoir un jour enlevé son cher portefeuille pour le donner à « l'incapable Savary ! ». Il écrivit donc à Wellington en lui demandant une sorte de laisser-passer pour les frégates de Napoléon. Une manière comme une autre de l'avertir de ce qui se préparait. Après quoi, paisiblement, il attendit la réponse...

À Malmaison, Napoléon coulait des jours à la fois doux et fiévreux, réconfortants et mélancoliques. Après les hommes, les femmes venaient vers lui, celles qu'il avait aimées et dont beaucoup le lui avaient rendu. L'une des plus assidues fut la charmante comtesse Caffarelli. Elle avait été son Waterloo amoureux car, profondément honnête et éprise de son mari, la jolie Julienne avait repoussé les avances d'un maître plus séduit qu'il n'aurait fallu par sa brune beauté. Mais elle avait eu assez d'intelligence et de cœur pour s'assurer, en échange, l'estime et l'amitié de l'empereur. C'était la limpidité de son regard franc, la chaleur de son amitié que la comtesse apportait au vaincu de Waterloo, rien de plus... mais rien de moins.

Arriva aussi la belle Madame Duchâtel. Jadis lectrice de Joséphine, elle avait inspiré à Napoléon un caprice violent qui avait fort inquiété l'Impératrice. Une scène mi-burlesque mi-violente termina cette histoire et Napoléon rompit à cause des larmes de Joséphine, mais il avait toujours conservé une certaine tendresse à cette jolie femme souriante et douce qui lui rappelait des heures si charmantes.

Bien entendu, la duchesse de Bassano vint faire ses révérences. Après le divorce et avant l'entrée en scène de Marie-Louise, elle avait connu, elle aussi, les joies de l'alcôve impériale et rapporté un fort substantiel souvenir sous forme du maroquin des Affaires extérieures pour son mari. Mais elle savait s'en montrer convenablement reconnaissante.

Une autre ancienne maîtresse apparut à son tour : Mme de Pellapra. Le valet de chambre de l'empereur, Marchand, l'avait rencontrée un après-midi, errant autour de Malmaison où elle n'osait se présenter à cause de la présence d'Hortense.

– Pourtant, je voudrais tellement voir l'empereur ! Il faut absolument que je lui parle d'une affaire importante pour lui.

L'affaire importante, c'était la trahison de Fouché dont la jeune femme, dès avant Waterloo, avait eu connaissance et dont elle avait averti l'empereur. Cette fois, elle souhaitait lui faire connaître les bruits alarmants qui couraient sur le comportement du chef du gouvernement provisoire.

Naturellement, Napoléon la reçut d'autant plus volontiers que cette femme, gaie et charmante, l'avait toujours amusé. Quand elle lui eut fait part de ce qu'elle savait, il chassa un instant les pensées noires qui lui étaient venues pour s'accorder un moment de récréation. Malicieusement, il demanda à sa visiteuse :

– Racontez-moi ce que vous avez fait après mon départ de Lyon ? On m'a rapporté que vous aviez servi ma cause de bien divertissante façon !

Mme de Pellapra se mit à rire et ne fit aucune difficulté pour lui raconter comment, habillée en paysanne, elle avait arpenté toutes les routes d'alentour et distribué des cocardes tricolores à l'armée de Ney venue initialement arrêter la marche de Napoléon vers Paris lors du retour de l'île d'Elbe.

– Montée sur un âne, avec des paniers, je faisais semblant d'aller vendre des œufs et personne n'avait l'idée de m'arrêter. Je riais, je passais. Je n'avais pas de mot de passe, mais j'avais le mot pour rire et, quand j'arrivais devant les soldats et que je leur donnais mes cocardes, ils jetaient la planche en criant : « Vive la poule qui a pondu ces œufs-là ! »

Pour la première fois depuis longtemps, Napoléon se mit à rire et d'aucuns prétendent que, ce jour-là, Mme de Pellapra ne quitta pas Malmaison avant le lever du soleil.

La jolie et frivole Éléonore Denuelle de la Plaigne, qui lui avait donné un enfant, ne vint pas à Malmaison. Mais l'empereur demanda qu'on lui conduisît le petit Léon, un enfant blond dont la ressemblance avec le roi de Rome frappa la reine Hortense. Le petit garçon était élevé, alors, près de Paris, dans une pension choisie par Napoléon lui-même, sa mère ne s'en occupant pas outre mesure.

– Qu'allez-vous en faire ? demanda Hortense. Je m'en chargerais volontiers, mais ne pensez-vous pas que ce serait peut-être donner sujet à la méchanceté de s'exercer contre moi ?

– Oui, vous avez raison. Il m'eût été agréable de le savoir près de vous, mais on ne manquerait pas de dire qu'il est votre fils. Lorsque je serai en Amérique, je le ferai venir.

Et ce fut sur cet espoir souriant qu'il regarda la voiture emmenant le petit Léon franchir les grilles de Malmaison. Mais jamais il ne devait revoir l'enfant qui ressemblait au roi de Rome !

Cependant, les armées des Alliés approchaient de Paris. On se battait entre Nanteuil et Gonesse et Paris bouillait. Comme cela devait se reproduire en 1871, après la défaite de Sedan et sur la généreuse impulsion de la Commune, Paris voulait se battre, Paris voulait se défendre et ne comprenait pas que l'on gardât l'empereur prisonnier à Malmaison (il n'y avait pas d'autre mot car le général Becker, même si cela ne lui plaisait pas beaucoup, avait reçu l'ordre de « veiller à la sécurité de Napoléon ») et que l'on perdît du temps en parlotes alors que l'ennemi était tout proche. Des bandes d'ouvriers et de soldats parcouraient la ville avec des cris menaçants. Des appels aux armes, des tracts provocateurs étaient jetés, la nuit, sur le seuil des portes. Le gouvernement provisoire qui, sur l'inspiration de Fouché, s'apprêtait à proposer le retour de Louis XVIII, prit peur. Si Napoléon restait aux portes de Paris, on pouvait s'attendre au pire. Il fallait qu'il parte. On lui fit savoir qu'il eût à quitter Malmaison pour gagner Rochefort, où il aurait tout le loisir d'attendre le fameux sauf-conduit fantôme que nul n'avait jamais eu l'intention de lui donner.

Méfiant, Napoléon refusa de partir. Il connaissait trop ceux auxquels il avait affaire pour ne pas deviner leurs projets. Il ne quitterait Malmaison qu'avec ses sauf-conduits.

La panique montait autour de lui. L'entourage de l'empereur savait que Fouché et les autres étaient tout prêts à livrer leur ancien souverain aux Alliés. Certains envisageaient pour lui la détention à vie, d'autres tout simplement le peloton d'exécution. Napoléon refusa cependant de céder, mais pressa Hortense de le quitter.

– Moi je ne crains rien. Mais vous, ma fille, partez, quittez-moi !

Hortense, naturellement, refusa.

Dans la matinée du 28 juin, le général de Flahaut s'en alla aux Tuileries demander que les frégates missent à la voile dès l'arrivée de l'empereur à Rochefort et sans attendre les sauf-conduits. Il se heurta à Davout, incompréhensiblement converti à la politique de Fouché, « dont il était le bras ».

Une violente altercation opposa les deux hommes.

– Général, s'écria Davout, retournez auprès de l'empereur et dites-lui qu'il parte ; que sa présence nous gêne, qu'elle est un obstacle à toute espèce d'arrangement, que le salut du pays exige son départ. Qu'il parte sur-le-champ, sinon nous serons obligés de le faire arrêter ! Je l'arrêterai moi-même !

Flahaut, alors, dévisagea froidement le maréchal et, avec le maximum de rage et de mépris :

– Monsieur le Maréchal, il n'y a que celui qui donne un pareil message qui soit capable de le porter. Quant à moi, je ne m'en charge pas. Et si, pour vous désobéir, il faut vous donner sa démission, je vous donne la mienne !

Puis, le cœur navré, il revint à Malmaison où il n'osa pas, « pour ne pas ajouter à ses douleurs », rapporter à Napoléon les paroles de Davout. Il y avait d'ailleurs auprès de l'empereur beaucoup de monde. Madame Mère et le cardinal Fesch étaient venus et aussi Corvisart, et Talma, et la duchesse de Vicence et tous les autres fidèles.

Vers la fin de la matinée, une voiture s'arrêta devant le palais. Une femme en pleurs, tenant un petit garçon par la main, en descendit : Marie Walewska, « l'épouse polonaise », celle dont l'amour fidèle n'avait jamais cédé, celle que l'on avait vue à l'île d'Elbe, et plus récemment, aux Tuileries. Napoléon courut vers elle et la serra dans ses bras.

– Marie ! Comme vous semblez bouleversée !

Il l'entraîna dans la bibliothèque où, longuement, désespérément, elle le supplia de gagner Paris, de rassembler l'armée, le peuple qui le réclamait à grands cris, de marcher au-devant de l'envahisseur, de se défendre enfin et sa capitale avec lui ! Mais il refusa. Il savait qu'il ne pourrait rien contre les armées coalisées, régulières et disciplinées avec une armée de hasard, héroïque sans doute mais qui se ferait hacher inutilement. Cette fois, le sacrifice et le sang versé seraient inutiles et ne serviraient qu'à livrer plus totalement Paris à la vengeance de l'ennemi.

– Non, Marie, dit-il. Il faut que je parte ! Non parce qu'« Ils » le veulent... mais parce que je le dois à mon fils !

Elle s'écroula, secouée de sanglots.

– J'aurais tant voulu vous sauver...

Alors, comme enfin un émissaire arrivait de Paris, l'informant que les « deux frégates » étaient à sa disposition, il se prépara au départ. Néanmoins, l'ennemi approchant davantage, il ne voulut pas partir sans tenter de défendre son pays. Il envoya Becker aux Tuileries demander pour lui un simple commandement dans l'armée afin de combattre les Prussiens. Il souhaitait mourir l'épée à la main... Mais Becker ne put que lui rapporter les paroles furieuses de Fouché :

– Est-ce qu'il se moque de nous ? Ne sait-on pas comment il tiendrait ses promesses si ses propositions étaient acceptables ?

Napoléon haussa les épaules.

– Ils ont encore peur de moi ! dit-il seulement.

Alors, il changea de vêtements, serra les mains de tous ses amis, embrassa Hortense et Madame Mère puis, s'étant fait ouvrir la chambre où était morte Joséphine, il y demeura seul un long moment. Quand il en sortit, il avait les yeux rouges. Enfin, après un dernier regard à cette maison qui, jusqu'à son dernier soupir, lui demeurerait chère, il monta en voiture et, avec ceux qui avaient choisi de suivre son destin jusqu'au bout, il prit le chemin de la mer, avec l'espoir de trouver, au-delà, l'immense pays où il lui resterait au moins le droit d'être un homme libre.

Mais l'escadre anglaise croisait déjà au large de Rochefort pour en interdire la sortie aux deux frégates si généreusement octroyées par le gouvernement provisoire. Fouché avait bien travaillé... Au bout du chemin il n'y avait plus que le *Bellerophon* britannique... et Sainte-Hélène !

ON L'APPELAIT « SISSI »...

« Sissi » et le mariage

Quand, en 1834, le duc Max « en » Bavière acheta le château de Possenhofen, situé sur le beau lac de Starnberg, à vingt-huit kilomètres de Munich, c'était avec l'intention d'en faire une maison d'été pour y loger une famille encore embryonnaire, car il n'avait alors qu'un seul fils, Louis, né en 1831, mais qu'il espérait bien augmenter de façon substantielle.

Possenhofen était (et est encore) une construction assez massive, flanquée de quatre tours d'angle et pourvue d'un grand nombre de chambres, mais son emplacement au bord du lac, au milieu de collines boisées et d'un superbe parc comportant de magnifiques roseraies, en faisait un lieu si rempli de charme que, peu à peu, il supplanta le palais de Munich pour devenir la véritable maison de famille de la nichée ducale, une maison que tous adorèrent.

Par ordre d'apparition, ladite nichée se composait de Louis, déjà nommé, d'Hélène, dite Néné, venue en 1834 quelques semaines après l'acquisition de ce qui allait devenir le « cher Possi », Élisabeth, dite Sisi (ou Sissi) apparue la veille de Noël 1837 comme un cadeau du ciel, Charles-Théodore, autrement dit

« Gackel », qui vit le jour en 1839, Marie, née en 1841, sans surnom connu, Mathilde, autrement dite « Moineau », à cause de sa fragilité (1843), Sophie, qui ne vint qu'en 1847, et enfin, fermant la marche, Charles-Emmanuel, autrement dit « Mapperl », apparu deux ans plus tard.

Tout ce monde formait une famille heureuse, joyeuse, élevée un peu à la diable par un père atteint de bougeotte chronique mais plein de tendresse et d'invention, de dons artistiques ainsi que d'une extraordinaire chaleur humaine, et par une mère en admiration perpétuelle devant son époux et devant ses enfants pour lesquels, très ouvertement, elle nourrissait une grande ambition. Née princesse « de » Bavière, Ludovica, en épousant son cousin Max, avait, peut-être, fait le mariage le moins brillant de sa famille car, de ses trois sœurs, l'une était reine de Prusse, l'autre reine de Saxe et l'aînée, Sophie, aurait dû être impératrice d'Autriche si elle n'avait obligé son époux à renoncer au trône en faveur de leur fils François-Joseph [1]. Le fait de se retrouver duchesse « en » Bavière ne représentait guère une promotion pour Ludovica mais, tout compte fait, elle était sans doute la seule qui eût connu le bonheur et ceci compensait bien cela. La duchesse en convenait d'ailleurs volontiers, ce qui ne l'empêchait nullement de rêver, pour ses filles, de destins moins « popote » que le sien.

En foi de quoi, durant le printemps de l'année 1853, Ludovica vivait sur des charbons ardents car, depuis plusieurs mois déjà, des échanges de correspondance et même des entrevues avaient eu lieu entre elle et sa sœur, l'archiduchesse Sophie, la tête pensante de la famille, en vue de conclure un

1. Les quatre princesses étaient sœurs du roi Louis Ier de Bavière.

mariage entre le jeune empereur François-Joseph et Hélène, l'aînée des filles de Max et de Ludovica.

Ce projet-là avait pris forme, depuis longtemps déjà, dans l'esprit de Sophie qui tenait beaucoup à réunir autour d'elle le plus de puissance familiale possible, mais il s'était singulièrement renforcé quand son fils, cet innocent, s'était avisé, pour ses vingt-deux ans, d'épouser la fille du prince-palatin de Hongrie, une princesse fort belle et fort intelligente qui lui avait inspiré des sentiments assez vifs. Sophie avait coupé le mal à la racine en peu de mots :

– La Hongrie est une province soumise et doit le rester. Ce serait impossible avec une Hongroise sur le trône à tes côtés.

Obéissant aveuglément, alors, à sa mère, François-Joseph fit taire ses sentiments au nom de la raison d'État et ne reparla plus du projet. D'ailleurs, il n'ignorait pas les vues de Sophie sur sa cousine Hélène et la réputation de la jeune fille étant des meilleures, il ne voyait pas d'inconvénient majeur à en faire sa femme si elle était aussi belle et charmante qu'on le disait... que le disait Sophie tout au moins !

– Elle est parfaite en tout point ! affirmait, péremptoire, l'archiduchesse.

Parfaite, elle l'était sans doute. Ludovica s'était donné assez de mal pour cela. On lui avait appris tout ce que devait savoir une impératrice d'Autriche : à parler plusieurs langues, à danser, à monter à cheval, à recevoir, à paraître avec aisance au milieu d'une nombreuse assistance, et même à s'ennuyer avec grâce, immobile des heures durant sur un fauteuil figurant un trône.

Aussi fut-ce le grand branle-bas de combat quand, un beau jour du mois de juin, la duchesse, qui venait de lire, durant le petit déjeuner familial, une lettre de sa sœur, s'écria, rayonnante de joie :

– Réjouissez-vous, mes enfants ! Votre tante Sophie nous invite à Ischl, au mois d'août, Néné, Sissi et moi, afin de l'y rencontrer. L'empereur viendra, lui aussi...

À cette nouvelle, Hélène devint rose de plaisir car l'idée d'épouser François-Joseph lui souriait depuis longtemps, mais Élisabeth ne montra qu'un enthousiasme méfiant.

– Est-ce que Charles-Louis sera là aussi ?

L'archiduc Charles-Louis, frère cadet de François-Joseph, était son chevalier servant attitré depuis que les deux adolescents s'étaient rencontrés trois ans plus tôt dans ce même Ischl. On avait échangé des lettres, et même, le jeune prince avait fait parvenir à la dame de ses pensées de jolis présents, une bague, un bracelet, encouragé en cela par sa mère, qui voyait d'un assez bon œil, pour plus tard, une seconde union avec les filles de sa sœur.

– Bien sûr, il sera là ! s'écria Ludovica en embrassant son bébé de quinze ans. Tu seras heureuse de le revoir ?

– Je crois, oui... Il est très gentil et je l'aime bien.

Sur ces fortes paroles, on procéda aux préparatifs du départ, chacun selon ses aptitudes : la duchesse et Hélène en se jetant sur les armoires à robes avec l'aide de la baronne Wulffen, gouvernante des princesses, et Sissi en se précipitant dans le jardin pour donner à manger à ses animaux favoris et leur raconter les derniers événements de la maison.

Le 15 août, les trois princesses arrivaient à l'hôtel d'Ischl [1] avec une heure et demie de retard, pour y

1. La villa impériale n'appartenait pas encore à l'empereur, qui la louait.

apprendre que l'archiduchesse les attendait à la villa impériale pour le thé. C'était la catastrophe, car elles n'avaient qu'un peu plus d'une demi-heure devant elles... et les malles n'étaient pas encore arrivées. En revanche, l'empereur, lui, était déjà là.

– Tant pis ! dit la duchesse au bord des larmes. L'heure c'est l'heure et nous n'aurions même pas le temps de nous changer si les malles étaient là ! Il faut y aller comme nous sommes.

– Altesse ! s'écria la baronne Wulffen ! C'est impossible ! Toute cette poussière !...

– La poussière est une chose, le protocole en est une autre. Nous devons y aller !

À la villa, l'archiduchesse Sophie les attendait dans son appartement. Elle rassura sa sœur : telles qu'elles étaient, les petites étaient charmantes. Simplement, on allait faire venir sa femme de chambre pour recoiffer Hélène. Sissi s'arrangerait d'une simple brosse. On donna donc tous les soins possibles à l'opulente chevelure noire de Néné, mais la camériste chargée de cet ouvrage ne put s'empêcher de marquer son admiration pour celle de la jeune Sissi, brillante cascade de cheveux châtain clair traversée de reflets d'or et de touches fauves.

Au bout de quelques minutes, les dames de Bavière étaient assez présentables pour affronter le thé et le regard de l'empereur, et l'on se dirigea vers le salon où allait avoir lieu la rencontre.

Le premier abord fut quelque peu solennel. Hélène, rougissante, osait à peine lever les yeux sur l'empereur de vingt-trois ans qu'on lui destinait pour époux, et celui-ci se montrait certes aimable mais plutôt guindé, car il en était déjà aux comparaisons avec la belle Hongroise et venait de réaliser qu'on était en train de le marier contre son gré. Et, tandis qu'il examinait Hélène, la trouvant certes jolie, grande, mince, pleine de distinction et d'élégance, il ne pouvait s'empêcher de lui découvrir certains traits énergiques et même durs, qui ne correspondaient pas à ce qu'il attendait.

Et puis, tout à coup, il ne la vit plus. Derrière elle, il découvrait une adorable créature, un visage de rêve, des yeux pleins d'étoiles, une silhouette exquise, une enfant, certes, mais si belle, si attirante, que sa seule présence suffisait à tout effacer de ce qui l'entourait, à tout effacer du passé... Dès lors, il ne vit plus qu'elle, plus que cette délicieuse Sissi qui ne faisait même pas attention à lui, tout heureuse qu'elle était de retrouver son ami Charles-Louis. Pour un peu, ces deux-là auraient demandé la permission d'aller jouer au jardin.

Mais, soudain, Sissi s'aperçut de l'attention que lui accordait François-Joseph et, aussitôt, elle se troubla, rougit ; c'en fut fini de son naturel joyeux qui faisait quelque peu froncer les sourcils de sa tante Sophie. Elle s'accrocha à son ami Charles-Louis comme à une bouée de sauvetage, car elle n'osait regarder ni l'Empereur, dont le regard souriant la troublait sans qu'elle sût pourquoi, ni Hélène, dont elle craignait de lire la déception sur le visage, une déception bien facile à comprendre.

Quelqu'un d'autre était déçu, et ce quelqu'un, c'était Charles-Louis. Profondément épris de sa jolie cousine, le jeune archiduc ne s'était pas trompé sur la signification du regard de son frère et, le soir même, après le dîner de famille, il jeta à sa mère avec une douleur qu'il parvenait mal à contrôler :

– Sissi a beaucoup plu à Franz, Maman, infiniment plus que Néné. Tu verras, il la choisira de préférence à sa sœur.

– Tu rêves ? fit l'archiduchesse avec un haussement d'épaules. Une gamine pareille ? Ce serait un désastre.

Peut-être, car elle avait de bons yeux, cherchait-elle simplement à se rassurer elle-même. Mais ses illusions allaient être de courte durée car, le surlendemain, alors qu'elle venait tout juste de se lever et n'avait pas encore eu le temps de déjeuner, elle vit surgir François-Joseph. Un François-Joseph positivement rayonnant.

– Tu sais, lui dit-il, Sissi est délicieuse !...

– C'est pour me dire cela que tu m'envahis à cette heure ?

– Mille pardons, Maman, mais il fallait que je te le dise. Elle est adorable, délicieuse.

– Mais enfin, ce n'est encore qu'une enfant !

– Bien sûr, elle est très jeune, mais regarde ses cheveux, ses yeux, son charme, toute sa personne ! Elle est exquise.

– Mais enfin, il y a Hélène, Hélène qui...

– Hélène rien ! Elle est charmante, mais on ne la voit plus lorsque Sissi est là.

– Allons, du calme ! Tu ne la connais pas encore. Il faut réfléchir. Tu as le temps. Inutile de se presser ! Personne ne te demande de te fiancer tout de suite.

Mais allez donc arrêter un torrent dans sa marche irrésistible ! Avec un grand sourire, le jeune empereur vint embrasser tendrement sa mère et déclara :

– Je pense, moi, qu'il vaut beaucoup mieux ne pas faire traîner les choses en longueur. Tout à l'heure, j'essayerai de voir Sissi avant que nous ne nous retrouvions pour le dîner.

Et le voilà parti vers son harassant travail d'autocrate, emportant avec lui l'idée lumineuse d'un instant d'entretien seul à seul avec celle qui était déjà sa bien-aimée... Malheureusement, il ne la trouva pas, et ce fut avec un front assombri et une certaine nervosité qu'il prit place à table auprès d'Hélène... qu'il ne regardait toujours pas. La malheureuse n'entendit même pas le son de sa voix. Il ne regardait que Sissi, assise de l'autre côté de la table, entre l'archiduchesse Sophie et le prince de Hesse.

De son côté, singulièrement émue par ce regard souriant qui ne la quittait pas, la jeune fille ne toucha pratiquement à aucun des plats qui lui furent servis, ce qui provoqua l'étonnement de son voisin.

– Sissi a dû décider que ce serait aujourd'hui jour de jeûne, dit-il en riant à l'archiduchesse. Elle n'a mangé que du potage et de la salade russe.

Le lendemain, un grand bal était donné à la villa impériale, un bal dont tout un chacun, à la cour, savait bien que le cotillon serait décisif... tout le monde, sauf Sissi, qui s'obstinait à considérer sa sœur comme la future impératrice d'Autriche en dépit de la mine glaciale que lui opposait Hélène.

Quand les deux sœurs parurent dans la grande salle, un murmure d'admiration courut dans l'assemblée, mais il s'adressait, hélas, beaucoup plus à Sissi qu'à Hélène, encore que la jeune fille dans une splendide robe de soie blanche, une guirlande de lierre dans ses cheveux bruns, fût vraiment très belle... Mais sa petite sœur, ennuagée de mousseline rose, une menue flèche de diamants dans les cheveux était irrésistible. Et quand vint le moment du cotillon, ce fut à elle que François-Joseph alla offrir le bouquet traditionnel en l'invitant à danser.

Chacun sut que les jeux étaient faits et que l'on venait d'assister à la naissance d'une impératrice. Et il fallut à l'archiduchesse Sophie tout son empire sur elle-même pour ne pas montrer son mécontentement. Quant à Hélène, elle était allée cacher sa peine dans un salon voisin, un salon désert.

Il n'y a, en effet, plus rien à ajouter : dès le lendemain, François-Joseph alla prier sa mère de demander pour lui la main de sa cousine Élisabeth, si toutefois elle voulait bien consentir à l'épouser.

– Je vous supplie néanmoins, Madame, d'insister auprès de ma tante Ludovica afin qu'elle n'exerce aucune pression d'aucune sorte sur Sissi, car ma charge est si lourde que, Dieu m'en est témoin, ce n'est pas un plaisir de la partager avec moi. Je veux qu'on le lui dise !

– Mais mon cher enfant, quelle idée de croire qu'une femme ne serait pas heureuse de te faciliter la tâche par son charme et sa gaieté ? Néanmoins, il sera fait selon ton désir.

Et le soir même, la duchesse Ludovica, un peu inquiète tout de même et fort émue, faisait part à Sissi de la demande impériale, avec tous les ménagements possibles et en exécutant scrupuleusement le souhait de François-Joseph.

– Ce mariage, tu le comprends bien, n'est possible, mon enfant, que si tu aimes Franz, si tu l'aimes assez pour accepter de partager avec lui une lourde couronne. L'aimes-tu ?

– Comment pourrais-je ne pas l'aimer ? Mais quelle idée de penser à moi ? Je suis si jeune, si insignifiante ? Je ferai tout pour le rendre heureux... mais le pourrai-je ?... Bien sûr, je l'aime ! Mais si seulement il n'était pas empereur, je serais bien plus heureuse encore !

Le dimanche suivant, à l'issue de la messe dans l'église d'Ischl, François-Joseph prit Sissi par la main, la conduisit vers l'évêque qui venait d'officier et, à très haute voix, il demanda :

– Monseigneur, veuillez nous bénir ! Voici ma fiancée !

On était le 23 avril 1854, veille du mariage et, à travers les vitres d'une fenêtre du palais de Schönbrunn, Élisabeth regardait les jardiniers occupés aux plantations de printemps quand elle vit entrer, titubant presque sous leur poids, la comtesse Esterhazy, qui allait être sa première dame d'honneur, chargée de deux volumineux bouquins qu'elle vint déposer sur une table.

– Pour l'amour de Dieu, comtesse, que m'apportez-vous là ?

– Des choses de la dernière importance, Altesse. Ce premier ouvrage – et elle souleva un grand livre où il y avait plus de reliure que de texte – Votre Altesse aura seulement à le parcourir : c'est le cérémonial de mariage usité dans la Maison d'Autriche.

Obéissante, la future impératrice y jeta un coup d'œil, puis se mit à rire :

– Grand Dieu ! Quelle complication ! Je vois là des « femmes sérénissimes et très sérénissimes », des « pages et des porteurs de traînes », des « dames du palais et des dames d'appartement... » Qu'est-ce donc que ces dames d'appartement ?

– Ce sont celles qui, à la différence des dames ayant leurs grandes et leurs petites entrées, n'ont le droit de paraître dans les appartements qu'à certaines heures, et après y avoir été préalablement conviées.

– Je ne vois pas bien qui pourrait avoir l'idée d'entrer ici sans y avoir été convié. Et cet autre livre ?

– Celui-là est fort important. Votre Altesse devra non seulement le garder auprès d'elle ce soir, mais encore l'apprendre par cœur.

– Par cœur ? s'écria Sissi, horrifiée. Mais il est énorme !

– Pas vraiment et il est écrit très gros : il se nomme « Très humbles rappels », et règle le comportement de Votre Altesse durant toutes les cérémonies de son mariage.

– Les cérémonies ? Il y en a tellement ?

Non sans une certaine raideur due à ses cinquante-six ans, la comtesse Esterhazy plongea dans une révérence qui allait bien avec sa mine sévère.

– Il y en a beaucoup, certes, mais il est grand temps que Votre Altesse s'y intéresse. On ne saurait épouser un empereur comme un simple officier des gardes et l'archiduchesse Sophie insiste pour que Votre Altesse commence à étudier ces documents.

Elle sortit, laissant Sissi tête à tête avec les rébarbatifs bouquins, qui constituaient un résumé, assez décourageant d'ailleurs, de la fameuse étiquette autrichienne que les empereurs avaient copiée sur celle, très espagnole, de Charles Quint et de Philippe II. Tournant le dos aux jardiniers et aux fleurs qu'ils repiquaient, la fiancée s'attaqua, courageusement mais non sans soupirer, à sa lecture.

Mais le soir, en retrouvant son fiancé au moment du dîner de famille, elle lui fit part, entre haut et bas, de ses craintes touchant le nombre et la complication des cérémonies du lendemain et des jours suivants.

François-Joseph se mit à rire.

– Cela ne sera pas si terrible, tu verras ! et quand nous serons débarrassés de ces corvées, tu seras ma délicieuse petite femme et nous aurons bientôt oublié toute cette affaire dans notre beau Laxenbourg...

Élisabeth, alors, lui rendit son sourire.

– Bien ! Si ce n'est qu'un mauvais moment à passer, nous essayerons de le passer courageusement.

Ce mauvais moment aurait sans doute paru, à toute autre jeune fille, une sorte d'apothéose de conte de fées car aucun spectacle, si fabuleux soit-il, ne pouvait atteindre en éclat l'église des Augustins de Vienne quand, le lendemain, à six heures et demie du soir, le cortège nuptial y pénétra. Des milliers de cierges faisaient brasiller l'or du gigantesque retable, les pierreries dont étaient couvertes les femmes présentes et les décorations des hommes. Des fleurs blanches embaumaient l'atmosphère, disséminées un peu partout en énormes bouquets. Puis quand, au son des cloches, l'empereur mit le pied sur l'immense tapis rouge, il se fit un grand silence.

Mince, élancé, très grand et très beau dans son uniforme de feld-maréchal, le jeune souverain s'avança seul, marchant d'un pas ferme vers l'autel où l'attendait le prince-archevêque de Vienne, le cardinal Rauscher. Mais ce fut une sorte de soupir qui salua l'apparition d'Élisabeth, marchant entre sa mère et l'archiduchesse Sophie. Jamais plus belle fiancée ne s'était révélée sous les voûtes de la vieille chapelle.

Dans son immense robe blanche, brodée d'or et d'argent et garnie de myrte, Élisabeth était d'une saisissante beauté. Sur sa gorge, ses bras et dans ses magnifiques cheveux châtain doré fulgurait la fabuleuse parure de diamants et d'opales qui avait appartenu à l'archiduchesse Sophie et que celle-ci lui avait offerte. Sur sa poitrine, s'épanouissait un bouquet de roses blanches. Enfin, derrière elle, s'étirait interminablement le grand voile de précieuses dentelles blanches, et le futur époux ne put retenir un sourire de bonheur en la voyant s'avancer vers lui... Elle était bien pâle pourtant et d'une gravité qu'on ne lui avait jamais vue. Confrontée pour la première fois au faste écrasant déployé en son honneur, la petite Élisabeth de seize ans venait peut-être de comprendre ce que cela signifiait que devenir impératrice d'Autriche, et son émotion était si visible qu'elle ne put se défendre d'un mouvement de frayeur quand éclata, au-dehors, une salve de mousqueterie aussitôt suivie du grondement des canons, au moment où, d'une main ferme, François-Joseph passait l'anneau d'or à son doigt tremblant.

La chaleur de cette main virile lui rendit courage et, relevant vers le tendre visage de son époux des yeux pleins de larmes, elle s'y accrocha et parvint à sourire. Mais tout le reste de l'interminable cérémonie se déroula pour elle comme dans un rêve. Elle n'avait qu'une hâte : que tout cela s'achève bien vite, afin de se retrouver seule, bien seule et au calme, avec l'homme couronné qu'elle aimait de tout son cœur...

Hélas, les fêtes devaient se dérouler sur plusieurs jours et, dès le lendemain de son mariage religieux, Sissi allait se trouver confrontée à l'insupportable étiquette impériale. Or, cette étiquette stipulait que la famille prenait, tous les matins, son petit déjeuner en commun, comme n'importe quelle famille autrichienne, et ne prévoyait aucune dérogation pour un lendemain de nuit de noces.

On ne sait ce que fut celle d'Élisabeth et de François-Joseph, mais on peut sans peine comprendre à quel point il devait être pénible, surtout pour une enfant de seize ans aussi farouche que l'était la jeune impératrice, de se retrouver, au sortir de ce lit où elle était devenue femme, en présence de sa belle-mère et du reste de la famille autour d'une prosaïque table chargée de café au lait. Les « indécentes » coutumes françaises prévoyant le petit déjeuner au lit lui eussent beaucoup mieux convenu et plus encore, un départ immédiat, sitôt la cérémonie religieuse, pour un endroit paisible et solitaire, surtout solitaire !

Ce malencontreux petit déjeuner avalé, il y avait encore toute une série de réceptions, de cérémonies, qu'il fallait subir sous la direction incessante de l'archiduchesse Sophie, qui avait décidé de prendre en main l'éducation impériale de sa belle-fille.

Il y aurait beaucoup à dire sur l'archiduchesse Sophie et elle apparaît, dans l'Histoire, comme l'incarnation même de l'étiquette, des sévères lois séculaires régissant le comportement des impératrices. Elle est la « belle-mère » par excellence, et bien peu se sont donné la peine de chercher la vérité de cette princesse bavaroise, mal mariée d'ailleurs à un homme totalement incapable de devenir un souverain, et qui avait vu mourir à peine éclos le seul amour de sa vie : le prince charmant et malheureux que l'on appelait duc de Reichstadt, le fils de l'empereur Napoléon Ier et de Marie-Louise.

« Frantz » disparu de sa vie, Sophie, qui ne cachait pas le mépris que lui inspiraient les débordements conjugaux de Marie-Louise l'ex-impératrice des Français, n'avait plus vécu que pour ses fils et assurer à l'aîné, François-Joseph, la couronne impériale qu'elle aurait pu coiffer elle-même.

Son fils, qu'elle adorait, avait été élevé, dressé même, pour cette tâche écrasante, dont Sophie ne se dissimulait pas le poids et les impératifs astreignants. Voilà pourquoi, une fois venu le temps de lui choisir une épouse, elle s'était tournée vers l'aînée de ses nièces, cette Hélène dont mieux que personne elle savait avec quel soin elle avait été élevée, elle aussi, en vue du trône.

Le cœur de François-Joseph, en choisissant l'exquise mais sauvage Élisabeth, aucunement préparée à une tâche aussi rude, avait jeté par terre tous les plans maternels. Sophie, bien sûr, s'était inclinée : comment une mère accepterait-elle de voir souffrir son fils ? Mais si elle acceptait l'inévitable, elle n'en avait pas renoncé pour autant à donner, à l'Autriche, une véritable souveraine, à son fils, une épouse vouée uniquement à le rendre heureux. En un mot, un peu brutal peut-être, elle avait décidé de faire avec ce qu'on lui donnait. Le malheur fut qu'elle n'y mit sans doute pas assez de diplomatie et de doigté.

Consciente d'avoir affaire à une enfant, elle traita sa belle-fille en gamine plutôt irresponsable, qui avait grand besoin d'être élevée convenablement. Et cette femme qui, sur le trône, eût peut-être été une seconde Marie-Thérèse, se trouva ravalée par l'Histoire au rang de belle-mère tortionnaire, reproche qu'on ne lui aurait peut-être pas adressé, si le malheur n'avait voulu que sa belle-fille fût la plus ravissante et la plus romantique des femmes de son temps. François-Joseph eût-il épousé un quelconque laideron couronné, personne n'aurait songé à rompre la moindre lance pour elle contre Sophie. Mais allez donc vous attaquer à une héroïne de roman !...

Dans les jours qui suivirent son mariage, Sissi eut l'impression d'être installée dans une espèce de couvent à la règle sévère, un couvent dont la supérieure eût été Sophie et la maîtresse des novices sa dame d'honneur personnelle, la peu aimable comtesse Esterhazy. Les réceptions officielles surtout lui semblaient insupportables.

– Tiens-toi droite !... Il faut saluer plus aimablement !... Tu n'as pas fait attention à cette dame, en revanche tu as été trop aimable avec ce monsieur !... etc. etc.

C'était tellement crispant que, le quatrième jour, Son Impériale Majesté décida de se mettre en grève.

Non, elle ne donnerait pas audience ! Non, elle ne se rendrait à aucune réception ! Elle voulait avoir la paix et rester tranquille. Qui avait jamais entendu parler d'une lune de miel bâtie sur ce modèle ?

L'archiduchesse tenta bien de la faire revenir sur sa décision, mais s'aperçut, pour la première fois, que cette gracieuse enfant pouvait avoir une volonté de fer. D'ailleurs, pour une fois, son époux lui donna raison. Lui aussi souhaitait un peu de calme et de tête à tête... Et les jeunes époux, montant en voiture, s'en allèrent tranquillement se promener au Prater...

Malheureusement, ce ne fut qu'un intermède dans une lune de miel décidément bien étrange. Installée à Laxenbourg, Sissi s'aperçut bientôt que ladite lune se passerait bien plus souvent en compagnie de sa belle-mère que de son époux car, consciente de ses obligations, l'archiduchesse avait suivi le jeune couple dans ce château de la banlieue viennoise... et François-Joseph, comme un bon fonctionnaire, rejoignait Vienne tous les matins pour effectuer son travail d'empereur.

Entièrement livrée aux contraintes du protocole durant la journée, Élisabeth s'en consolait auprès de ses animaux familiers, dont elle avait emmené une partie de Possenhofen. Ainsi, passait-elle de longues heures devant sa volière ou encore dans sa chambre, à écrire des vers. Occupation qui, bien sûr, ne déchaînait pas l'enthousiasme de l'archiduchesse, obstinée, dans les meilleures intentions du monde, à vouloir tirer une imposante souveraine de cette petite fille rétive.

Un jour, lasse de voir son cher Frantz partir sans elle pour la Hofburg, Sissi manifesta l'intention de l'accompagner. Alors, Sophie :

– Il ne convient pas à une impératrice de courir après son mari et de trotter à droite et à gauche comme un petit lieutenant !

La jeune femme passa outre mais, le soir, au retour, il fallut essuyer une mercuriale qui effaçait beaucoup du plaisir de la journée.

– Je suis l'impératrice ! La première dame du pays ! déclara-t-elle, furieuse, à sa belle-mère.

– Alors, conduis-toi en conséquence ! Nul ici ne songe à te contester ton rang, Sissi... dès l'instant où tu feras en sorte de l'occuper pleinement. Une impératrice, ma chère petite, a malheureusement bien plus de devoirs et d'obligations que de droits. Je crains fort que nous n'ayons beaucoup de peine à te faire comprendre cela.

Comble de malchance : alors que le printemps viennois est, en général, délicieux, celui-là fut affreux. Durant tout le mois de mai, il plut à plein temps, transformant le parc de Laxenbourg en marécage ou en prairie détrempée, et comme il s'agissait d'un palais d'été aux moyens de chauffage plutôt réduits, le séjour tourna bientôt à la catastrophe. Sissi prit froid, se mit à tousser, et François-Joseph s'affola.

– Elle ne peut pas rester ici, déclara-t-il un soir à sa mère. Je ne supporte pas l'idée de la savoir seulement souffrante. Je vais l'envoyer à Ischl, où sa mère pourra venir la rejoindre.

L'archiduchesse Sophie haussa les épaules.

– Essaie toujours, mais cela m'étonnerait que tu y arrives. Ce n'est pas de Laxenbourg que Sissi refusera de se séparer, c'est de toi. Elle se plaint de ne pas te voir suffisamment. Et comme tu ne peux pas l'accompagner.

– Que faire alors ?

– Pourquoi pas ce voyage en Bohême et en Moravie que tu dois à tes sujets pour leur présenter leur nouvelle souveraine ? Cela lui changerait les idées... et à moi aussi ! Tu n'as pas l'air de t'en douter, mon cher Franz, mais Sissi est la personne du monde la plus difficile à surveiller.

On partit le 9 juin par un temps radieux. Et ce fut vraiment un merveilleux voyage, plein de gaieté, de couleurs et de fêtes dans lesquelles le pittoresque des costumes jouait un grand rôle et enchantait la jeune impératrice, dont la beauté faisait d'ailleurs merveille et séduisait tous les cœurs.

Pour la première fois, peut-être, Élisabeth trouva plaisir à son rôle de souveraine. Le peuple tchèque l'enchantait, et aussi cet encens d'adoration qu'elle sentait monter jusqu'à elle. Et puis, elle se trouvait continuellement avec son cher époux, loin de Sophie : c'était un avant-goût du paradis.

Hélas ! il fallut bien finir par rentrer à Laxenbourg, seule d'ailleurs, car des manœuvres retinrent François-Joseph en Bohême. Mais Sissi trouvait moins de plaisir, depuis quelques jours, à ce voyage. Elle éprouvait une lassitude sournoise, de vagues dégoûts...

Cela déboucha, naturellement, sur ce que l'on imagine : le 29 juin, l'archiduchesse Sophie écrivant à son fils l'informait que l'impératrice attendait un heureux événement. Mais fidèle à ses chers principes elle en profitait pour faire savoir à l'empereur qu'il eût, dans les semaines à venir, à « ménager » sa jeune épouse. Quant à celle-ci, elle devrait elle aussi réformer sa conduite sur un autre plan.

« *Je crois*, écrivait fort sérieusement Sophie, *qu'elle ne devrait pas tant s'occuper de ses perroquets : quand, dans les premiers mois, une femme regarde trop les bêtes, les enfants risquent de leur ressembler. Elle devrait plutôt se regarder dans la glace et te regarder toi. C'est là une contemplation que je ne saurais trop encourager...* »

Toujours les bonnes intentions, ces bonnes intentions dont Sophie, sans l'imaginer le moins du monde, pavait pour sa belle-fille le petit enfer quotidien ! Et quand, le 5 mars 1855, Sissi mit au monde une petite fille, ce fut sans enthousiasme qu'elle accepta qu'on lui donnât le nom de l'archiduchesse qui allait être sa marraine. Comme si une seule Sophie ne suffisait pas !...

Hélas, à mesure que passerait le temps, le fossé, d'abord peu profond, existant entre l'archiduchesse et sa belle-fille, allait se creuser jusqu'à devenir un abîme impossible à combler.

Les points de vue des deux femmes, touchant ce que devait être une impératrice d'Autriche, étaient par trop divergents, car Sissi aurait souhaité n'être, peut-être, qu'épouse et mère, tout en faisant montre d'une dangereuse propension à réclamer une liberté incompatible avec son rang. Or, il lui fallut se résigner à voir les enfants – il y en eut quatre – passer presque sitôt leur naissance dans les appartements de leur grand-mère. Seule la dernière, Marie-Valérie, demeura auprès d'Élisabeth, au terme d'une lutte épuisante, qui fit naître chez la jeune femme, très nerveuse, une véritable haine pour celle qu'elle considérait comme sa Némésis personnelle.

Peu à peu, Sissi, que sa santé avait obligée à un séjour dans l'île de Madère, retrouva en elle le goût des voyages qui avait été le péché mignon de son père, le duc Max. Enchaîné à son bureau impérial,

François-Joseph en souffrit puis, petit à petit, se résigna, se contentant des merveilleux moments qu'il vivait lorsque sa bien-aimée Élisabeth consentait à rester quelque temps auprès de lui. Elle savait être alors une femme tellement exquise, tellement séduisante, que son charme s'en allait frapper tous ceux, grands ou petits, qui avaient le privilège de l'approcher...

Peut-être en eut-elle trop conscience par la suite et même en abusa-t-elle. Mais ils étaient si nombreux ceux qui ne demandaient qu'à adorer...

« Sissi » et le shah de Perse

Jamais Vienne n'avait connu pareille agitation, ni pareilles foules, que durant la belle saison de 1873. Jamais non plus les souverains autrichiens n'avaient été soumis à si rude épreuve, singulièrement l'impératrice Élisabeth, qui éprouvait pour le protocole et les fêtes officielles une sorte d'horreur sacrée et, à l'égard de la foule, une crainte dont elle ne devait jamais se départir. Pourtant, jamais elle n'avait été plus belle, jamais elle n'avait à ce point attiré l'admiration et la curiosité du public. Jamais non plus, elle n'avait été obligée de se trouver si continuellement en « représentation »...

Tout commença le 20 avril, par le mariage de sa fille aînée, Gisèle, avec le prince Léopold de Bavière, son cousin. Ce fut une grande fête, car il s'agissait d'un mariage d'amour. Fiancés depuis plus d'un an, les deux jeunes gens avaient eu beaucoup de peine à supporter cette année d'attente imposée par Élisabeth qui estimait, se souvenant de sa propre expérience, qu'à seize ans, sa fille était trop jeune pour se marier.

Mais si la mariée, charmante sous sa couronne et

ses voiles blancs, attirait naturellement les regards, c'était sa mère que l'on regardait le plus et qui remportait tous les suffrages. Éblouissante dans une robe brodée d'argent, ses magnifiques cheveux aux reflets roux surmontés d'un diadème de diamants, cette jeune femme de trente-cinq ans faisait aussi peu « mère de la mariée » que possible. Seules les larmes qui coulèrent de ses yeux lorsque la jeune princesse prononça le « oui » traditionnel lui rendirent, un instant, sa réalité maternelle.

Des larmes vite effacées. Non que Gisèle ne fût pas chère à son cœur (bien qu'elle eût été élevée surtout par l'archiduchesse Sophie, morte l'année précédente, et qu'elle lui préférât Valérie, sa dernière fille), mais parce que cette fête de l'amour ne pouvait que lui être agréable. Et puis, ce fut un mariage gai, couronné par une grande représentation du *Songe d'une nuit d'été*, à laquelle d'ailleurs Élisabeth assista sans grand enthousiasme.

– Je n'arriverai jamais à comprendre, fit-elle, derrière son éventail, à l'usage de la comtesse Festetics, sa dame d'honneur, comment on peut choisir pour la soirée d'un mariage, une pièce où la princesse tombe amoureuse d'un âne !

Mais le prince Léopold avait entendu. En souriant, il se pencha vers son éblouissante belle-mère :

– Serait-ce une allusion à moi ?

– Bien sûr que non, mon ami ! Mais le *Songe d'une nuit d'été* est une pénitence obligatoire pour quiconque épouse une fille de la maison d'Autriche. Je ne sais quel maître des cérémonies inspiré l'a inscrite d'office à tous les programmes nuptiaux.

Les artistes n'en remportèrent pas moins un grand succès et les fêtes de Vienne débutèrent ainsi dans les rires et les applaudissements.

Un mois plus tard, inaugurée par le prince héritier d'Allemagne et le prince de Galles, s'ouvrait la grande Exposition internationale qui allait voir défiler à Vienne à peu près tout ce que l'Europe comptait de princes, de rois et d'empereurs. Au prince Frédéric et à la princesse Victoria, succédèrent l'impératrice Augusta, une bonne partie des princes anglais, les souverains belges, hollandais, danois et espagnols. Le tsar Alexandre II, lui-même, cependant peu enclin aux festivités, vint à Vienne avec une suite importante et un visage si grave qu'on désespéra longtemps de le voir sourire. Mais il était difficile de résister au charme de « Sissi » quand elle avait décidé de séduire et, après quarante-huit heures de mine compassée, le tsar finit, comme tous les autres hommes, par déclarer hautement qu'il n'existait pas au monde de femme comparable à l'impératrice d'Autriche. Et il ne quitta Vienne qu'à regret...

Mais ce fut avec le shah de Perse qu'Élisabeth remporta le plus vif succès, un de ces succès qui font date dans la carrière d'une jolie femme, qui allait marquer en quelque sorte le point culminant de l'exposition et ravaler les autres visites royales au rang de mortelles corvées tant le souverain oriental introduisit de fantaisie dans le cérémonial habituel des visites royales.

Nasir-Al-Din débarqua à Vienne le 30 juillet, avec une suite au moins aussi imposante que celle du tsar, mais qui avait l'avantage d'être beaucoup plus pittoresque et fit la joie des Viennois.

Il faisait ce jour-là une chaleur accablante et François-Joseph se sentait fatigué. En dépit de son extrême « conscience professionnelle », il se sentait accablé par un mois de cérémonies continuelles, d'accueils, d'embrassades, de discours en toutes sortes de langues, de conversations diplomatiques ou non, et ce Persan, qui lui arrivait comme une sorte de bouquet final, l'inquiétait un peu.

– Je me ferais volontiers porter malade, confia-t-il à l'impératrice. Comment crois-tu que le Persan prendrait cela ?

– Certainement comme une offense grave. Tu as ta réputation à soutenir. Et puis, ce malheureux qui passe sa vie tiraillé entre les Russes et les Anglais mérite bien qu'on s'occupe un peu de lui ! Enfin, tu t'amuseras peut-être plus qu'avec les autres : on le dit très pittoresque.

Élisabeth ne croyait pas si bien dire, mais elle se trompait en affirmant que Nasir-Al-Din aurait pris pour offense la maladie de l'Empereur car, en fait, c'était elle, et elle seule, qui intéressait le Shah.

Il avait, en effet, beaucoup entendu vanter sa beauté et, grand amateur de femmes, toujours entouré, en Perse, des plus jolies créatures de son pays, il était particulièrement curieux de la rencontrer.

Ce fut à Schönbrunn, au soir de son arrivée, que cette occasion allait lui être donnée, lorsqu'il arriva pour le grand dîner offert en son honneur par les souverains autrichiens.

Pour la circonstance, Élisabeth avait revêtu une robe blanche ceinturée de velours mauve, dont la longue traîne était toute brodée d'argent. Sur ses cheveux coiffés assez lâches, elle portait un simple cercle de diamants et d'améthystes qui lui allait particulièrement bien. Une parure des mêmes pierres ornait son cou et ses bras.

Ainsi ornée, elle assista, debout auprès de l'Empereur, à l'arrivée de l'hôte attendu, avec la curiosité qu'elle accordait d'instinct à tout ce qui était un peu exotique.

Le premier aspect la déçut. Nasir-Al-Din ne ressemblait en rien au grand Cyrus de ses lectures. Petit et plutôt maigrichon, il avait un visage en lame de couteau, barré par une énorme moustache noire d'aspect un peu mongol. La haute toque noire qu'il portait, prolongée d'une fabuleuse aigrette de diamants, lui mettait la tête à mi-chemin des pieds. Quant à la tunique militaire qui l'habillait, sanglée à la taille et vaguement juponnante, elle était tellement couverte de galons, de broderies et de décorations qu'on en distinguait difficilement la couleur. Il ressemblait à la fois à un arbre de Noël et à un personnage d'Offenbach.

Cependant, Élisabeth n'eut guère le temps d'analyser ses impressions. L'apercevant, Nasir-Al-Din fonça droit sur elle, s'arrêta à quelques pas, resta là pendant un moment sans bouger, comme pétrifié, puis, sans s'occuper le moins du monde de François-Joseph qui ouvrait la bouche pour un petit discours d'accueil, tira ses lunettes d'or de sa poche, en chaussa son nez et se mit à tourner lentement autour de l'impératrice en poussant force soupirs et en s'exclamant à plusieurs reprises... et dans un excellent français.

– Mon Dieu qu'elle est belle ! Mon Dieu qu'elle est belle !

Le tout dans le silence que créent les grandes stupéfactions.

Durant un moment, le shah continua de tourner autour d'Élisabeth, sans paraître seulement s'apercevoir que l'Empereur cherchait à attirer son attention. Il fallut que François-Joseph, qui s'amusait beaucoup, se décidât à le tirer par sa manche pour qu'il consentît à lui accorder quelques regards.

– Offrez votre bras à l'impératrice, Sire, chuchota l'Empereur. Et veuillez la mener à table...

Nasir-Al-Din le fixa, sans paraître seulement comprendre un mot de ce qu'on lui disait. Puis comme l'empereur répétait sa phrase, un peu plus fort, son visage s'illumina d'un large sourire :

– Ah oui ! À table !

Et saisissant la main d'Élisabeth, il l'entraîna joyeusement vers la salle à manger, en balançant entre eux leurs mains unies comme le ferait un amoureux promenant sa belle dans un chemin buissonnier, sans d'ailleurs cesser un instant de la contempler et de lui adresser de grands sourires. François-Joseph suivit, partagé entre l'envie de rire et la crainte que la jeune femme, incapable de se contenir dans certains cas, ne partît de l'un des fous rires irrépressibles dont elle avait le secret.

Mais on parvint sans encombre à la table du banquet. Le repas allait réserver aux souverains autrichiens d'autres surprises.

D'abord, Sa persane Majesté ne jugea pas utile d'entretenir la conversation, préférant converser dans sa langue natale avec son grand vizir, qui se tenait debout derrière son fauteuil, parlant de toute évidence de l'impératrice, qu'il ne quittait pas des yeux, et ne s'occupant guère de ce que l'on servait.

Soudain, les valets apportèrent un magnifique poisson accompagné d'une sauce verte vers laquelle aussitôt le shah pointa son long nez, faisant signe qu'on la lui approchât.

Il examina la saucière attentivement, renifla la sauce d'un air méfiant.

– On dirait du vert-de-gris ! fit-il aimablement.

– C'est une sauce rémoulade, Sire, le renseigna Élisabeth.

– Ah !

Prenant la cuillère, Nasir-Al-Din l'emplit de sauce, la goûta, fit une affreuse grimace... et remit le plus tranquillement du monde la cuillère dans la saucière.

– Je n'aime pas du tout cela ! fit-il.

Au supplice, l'impératrice qui luttait courageusement contre le fou rire, avait préféré détourner les yeux et contemplait un portrait de François-Joseph accroché au mur en face d'elle comme si sa vie en dépendait.

Elle ne put garder longtemps cette attitude détachée. Trouvant qu'elle ne s'occupait plus assez de lui, le shah prit une coupe de champagne et, se tournant vers elle, suggéra :

– Trinquons !

Force fut à la malheureuse, au bord des larmes, de prendre une coupe et de rendre raison à cet encombrant voisin qui s'obstinait à la contempler avec des yeux énamourés. S'obligeant à bien remplir ses devoirs de maîtresse de maison, elle constata, pour le regretter, que son hôte n'avait pas mangé grand-chose.

– Cette cuisine ne m'inspire pas confiance ! lui confia aimablement le Persan.

Mais comme, à cet instant, s'approchait un laquais portant une grande coupe d'argent remplie de fraises, il saisit la coupe, la plaça devant lui avec un parfait sang-froid, et attaqua gaillardement le dessert de la table impériale dont il ne laissa pas la plus petite bribe.

– Ça, j'aime ! conclut avec un bon sourire l'exotique majesté.

Et la fin de la soirée fut charmante.

D'ailleurs, en dépit – ou peut-être à cause – de ses excentricités, Nasir-Al-Din intéressait Élisabeth. Elle le trouvait original. Surtout, elle approuva sa liberté et son indépendance quand elle constata qu'il lui était impossible de se montrer aimable avec qui lui déplaisait.

Ainsi quand, à l'issue d'une cérémonie, il offrit son portrait entouré de diamants à l'Empereur, tout le monde fut enchanté, mais les mines autrichiennes s'allongèrent quand le shah offrit un autre portrait, identique, au comte Andrassy qui était sans doute le meilleur ami de l'impératrice.

On lui fit comprendre alors, discrètement, qu'il était d'usage de distinguer d'abord les frères de l'empereur.

– Non, je ne veux pas, répondit-il tranquillement. Je ne donne mon portrait qu'à ceux qui me plaisent.

Et il fut impossible de l'en faire démordre... ce qui plongea Élisabeth dans une douce joie. Du coup, Nasir-Al-Din lui devint immensément sympathique, et elle se fit un devoir d'aller visiter les chevaux favoris du shah, qu'il emmenait toujours avec lui et qui logeaient, comme lui-même, au château de Laxenbourg. Sa passion des chevaux et l'espèce d'amitié que lui inspirait son adorateur lui faisaient une joie de cette visite, mais elle pensa tomber de son haut en constatant que les trois plus belles bêtes, celles que Nasir-Al-Din honorait d'une tendresse particulière, arboraient fièrement des queues et des crinières teintes en rose.

– J'aime les chevaux et j'aime le rose ! décréta Sa Majesté, d'un ton si fervent qu'il n'y avait vraiment rien à ajouter à cela, d'autant que le munificent monarque couvrit son invitée de cadeaux fastueux.

Malheureusement, si Élisabeth et même François-Joseph s'amusaient beaucoup grâce à leur hôte, il n'en allait pas de même du reste de la cour, et singulièrement de l'élément le plus âgé, qui trouvait le shah impossible.

Ainsi du comte Crenneville, ancien aide de camp de l'empereur devenu son premier gentilhomme de la chambre. C'était un homme déjà âgé, austère et plein de morgue, qui accepta comme son dû la charge de s'occuper personnellement de l'invité persan.

Hélas, le pauvre homme crut mourir d'apoplexie quand, devant accompagner Nasir-Al-Din dans une promenade au Prater en voiture découverte, il se vit offrir, au lieu de la place qu'il escomptait auprès du souverain, celle qui se trouvait libre auprès du cocher sur le siège de la voiture. Puis, comme le soleil, très ardent, incommodait Sa Majesté, on lui tendit, avec un bon sourire, une grande ombrelle blanche qu'il fut poliment prié d'ouvrir et de tenir au-dessus de l'auguste tête.

Inutile de préciser qu'à peine rentré au palais, Crenneville se fit porter malade, refusant de passer une heure de plus auprès d'un tel hurluberlu.

Ainsi, également, des vieilles dames qui avaient composé la cour de l'archiduchesse Sophie. Le 12 août, à Schönbrunn, après la grande fête et le feu d'artifice, lorsque la comtesse Göess, première dame d'honneur, voulut, à l'heure du thé, lui présenter ces vénérables dames, le shah regarda la première lui faire sa révérence. Puis, considérant avec horreur la file qui attendait, il revint à la comtesse et, avec une grimace des plus significatives :

– Merci ! Assez ! fit-il seulement.

Il n'est si bonne compagnie qui ne se quitte, cependant, et vint le jour du départ de Nasir-Al-Din. Au cours de la dernière soirée, le Persan avait ouvert son cœur à Andrassy.

– Je pars avec beaucoup de regrets de quitter cette « déesse », lui dit-il en regardant Élisabeth qui évoluait à quelques pas de lui. C'est la plus belle femme que j'aie jamais vue. Quelle dignité ! Quel sourire ! Quelle beauté... Si jamais je reviens, ce sera uniquement pour la revoir et lui porter mes hommages...

Et, le lendemain, à quatre heures du matin, il faisait réveiller la comtesse Göess pour la charger de remercier encore Sa Majesté et lui confier que son image ne s'effacerait jamais de sa mémoire...

Il ne devait jamais revenir et « Sissi », après en avoir beaucoup ri avec François-Joseph, finit par oublier cet admirateur lointain.

« Sissi » et le domino jaune

Quand on ne connaît personne dans une ville où l'on vient tout juste de débarquer, il est bien difficile de s'y amuser, même au beau milieu d'un merveilleux bal costumé !... Il semblerait même, au contraire, que la solitude, s'y fasse plus cruellement sentir que dans la plus silencieuse des chambres.

C'était exactement ce que pensait, au soir du Mardi gras 1874, un jeune provincial de vingt-six ans, Frédéric List Pacher von Theinburg, qui s'essayait à la vie viennoise en participant, ou tout au moins en essayant de participer, à la fameuse « redoute » de l'Opéra. Mais il était trop timide pour se jeter à l'eau et aborder l'une de ces femmes parfumées et chatoyantes qui voltigeaient autour de lui, cachant soigneusement leurs visages sous le masque à barbes de dentelles qui était de rigueur.

Il y avait, à vrai dire, fort peu de temps qu'il était arrivé de sa Carinthie natale, appelé par la protection d'un parent qui l'avait pourvu d'un poste au ministère de l'Intérieur. Et Fritz, peu hardi, aimant le rêve et la poésie, assez renfermé d'ailleurs et plutôt silencieux, n'avait pas encore eu le temps de se faire des amis, même pas des relations intéressantes. Finalement, venir à ce bal n'avait pas été une bonne idée !

Pourtant, quelques femmes auraient pu s'intéresser à lui. C'était un garçon de belle taille et d'allure naturellement élégante. Les traits que laissait voir le masque étaient réguliers et fins, la bouche sensible, la chevelure noire et bouclée. Certaines danseuses lui avaient jeté, en passant, une plaisanterie, une œillade, espérant être arrêtées par lui, mais cette maudite timidité était toujours là, qui le paralysait : Fritz souriait mais n'ouvrait pas la bouche... et l'occasion passait.

Découragé, il allait se résigner à rentrer chez lui, quand une main gantée se posa sur son bras, cependant qu'une voix joyeuse, teintée d'un accent hongrois assez prononcé, murmurait à son oreille :

– Tu es bien seul, beau masque ! Ce n'est pas naturel dans un bal. Est-ce que tu ne t'ennuies pas ?

C'était une femme tout enveloppée d'un domino de satin rouge qui lui donnait l'air d'une énorme cerise, mais la voix était jeune et, à travers la dentelle noire du masque, Fritz pouvait deviner un clair sourire. Il rendit le sourire.

– Si ! avoua-t-il. Je ne connais personne ici. J'allais m'en aller.

– Tu ne connais personne ? C'est impossible ! Tout le monde connaît tout le monde à Vienne. D'où sors-tu donc ?

– De Carinthie, et je ne connais pas du tout Vienne !

– Comme c'est romantique ! Écoute, puisque tu t'ennuies tant, accepterais-tu de me rendre un service ?

– Bien sûr, si je le peux !

– Ce ne sera pas difficile. Je suis ici avec une amie. Elle est là-haut, dans la galerie. C'est une femme très belle, mais très timide et un peu triste. Elle non plus ne s'amuse pas. Me permets-tu de t'emmener vers elle ? Tu réussiras peut-être à la distraire.

Ravi de l'invitation, Fritz offrit son bras à l'inconnue et gravit avec elle le grand escalier, pour atteindre le premier étage. Et tout à coup, le jeune homme se trouva en face d'une femme fastueusement vêtue d'un magnifique domino de brocart jaune d'or pourvu d'une traîne qui lui donnait un air royal. Naturellement, elle aussi portait un masque noir, mais la dentelle du sien descendait jusqu'à sa gorge et elle était assez serrée pour que l'on ne pût rien distinguer de ses traits.

– Bonjour ! fit-elle en agitant doucement son éventail. C'est aimable à toi d'avoir accompagné mon amie.

Elle avait, elle aussi, l'accent hongrois. Mais sa voix était pleine de douceur et d'amabilité. Et tout d'abord, Fritz ne trouva rien à répondre. Sans qu'il pût savoir pourquoi, cette inconnue l'impressionnait infiniment plus que sa compagne et réveillait sa timidité.

Une Hongroise, elle aussi, pensa-t-il. Mais sûrement une grande dame...

On peut être un jeune provincial, mais quand on appartient à un certain milieu, il y a comme cela des signes qui ne trompent pas. Beaucoup plus grande que le domino rouge, la dame hongroise avait une allure, un port de tête tout à fait remarquables. Les cheveux flamboyants que l'on pouvait voir sous le capuchon devaient être une perruque, mais les yeux qui étincelaient par les trous du masque avaient une expression devant laquelle le nouveau fonctionnaire se sentait très petit garçon et très gauche.

La dame se mit à rire :

– Tu n'es pas très bavard, il me semble ! Voudrais-tu m'offrir ton bras afin que nous allions nous promener dans cette foule ? Je crois que cela m'amuserait, mais seule, je n'ose pas.

– Je serai très heureux de vous offrir mon bras, Madame ! murmura-t-il, sans parvenir à employer le tutoiement rituel du bal.

Quelque chose lui soufflait qu'avec cette femme-là, c'eût été déplacé. Mais il aurait été bien incapable de dire pourquoi. Il s'inclina légèrement.

Une main longue, fine, gantée de dentelle noire se posa sur sa manche. Un parfum très doux l'enveloppa quand la soie du domino le frôla. Fritz eut envie, tout à coup, d'être brillant, gai, étincelant, de séduire, d'étonner, cette inconnue dont il devinait la beauté.

Elle bavardait à présent avec une sorte d'abandon et il se surprenait à lui répondre facilement. Mais, à sa grande surprise, il s'aperçut bientôt qu'elle n'abordait aucune de ces futilités que l'on échange au bal. Elle le questionnait, demandait ses impressions sur Vienne, ce qu'il y faisait, ce qu'il entendait dire autour de lui. Elle l'interrogea aussi sur la famille impériale. Que pensait-il de l'empereur François-Joseph ? Approuvait-il sa politique ? Et l'impératrice ? L'avait-il déjà rencontrée ?

Fritz répondait de son mieux à toutes ces questions, un peu désorienté tout de même. Qui pouvait être cette femme ? Soudain, une idée folle lui traversa l'esprit : Si c'était l'impératrice elle-même ?

Il s'entendit répondre, tandis que son regard essayait de percer la dentelle :

– L'impératrice ? Je la connais de vue, évidemment, pour l'avoir aperçue à cheval au Prater. C'est une femme d'une beauté merveilleuse, c'est tout ce que j'en puis dire. Le public lui reproche de trop peu se montrer, de trop s'occuper de chiens et de chevaux. Mais il a certainement tort. Je sais d'ailleurs que cet amour des chiens et des chevaux tient de famille. Le duc Max, son père, aurait dit un jour : « Si nous n'étions princes, nous serions devenus écuyers... »

Le domino jaune se mit à rire. Mais l'impression bizarre de Fritz ne se dissipait pas. Et comme l'inconnue lui demandait, à brûle-pourpoint :

– Quel âge me donnes-tu ?

Il répondit sans hésiter une seconde :

– Trente-six ans !

C'était l'âge exact de l'impératrice Élisabeth. L'effet fut étonnant. Fritz sentit frémir la main de sa compagne, qui, d'ailleurs s'écarta aussitôt :

– Tu n'es guère poli ! fit-elle d'un ton agacé, puis elle ajouta presque aussitôt, après un silence :

– Tu peux t'en aller à présent !

Brusquement, la timidité de Fritz s'envola .

– Trop aimable ! fit-il avec ironie... Puis empruntant pour la première fois le tutoiement du bal :

– D'abord, tu me fais monter près de toi, tu me questionnes et puis tu me renvoies ? Soit, je m'en vais, si tu es lasse de moi, mais qu'il me soit permis tout de même de te serrer la main avant de partir.

La dame hésita un instant, n'en fit rien, puis à nouveau, se mit à rire.

– Non. Tu as raison. Continuons notre promenade.

Cela dura deux heures, deux heures durant lesquelles le jeune provincial ébloui écouta l'inconnue lui parler d'une foule de choses. Elle avait découvert rapidement qu'il aimait le poète allemand Henri Heine, dont elle était passionnée. Et sur les ailes de la poésie, le temps passa très vite.

Minuit était passé depuis longtemps et, plusieurs fois, le domino rouge s'était rapproché comme pour inviter son amie à se séparer du jeune homme quand, enfin, la dame au domino jaune murmura :

– Je sais à présent qui tu es. Mais toi, pour qui me prends-tu ?

– Pour une grande dame. Peut-être une princesse. Tout ton être le prouve...

– Ne cherche pas à savoir. Tu finiras bien par me connaître un jour, mais pas aujourd'hui. Nous nous reverrons. Viendrais-tu, par exemple, à Munich ou à Stuttgart si je t'y donnais rendez-vous ? Je passe ma vie en voyages.

– Je viendrai partout où tu l'ordonneras.

– C'est bien. Je t'écrirai. Maintenant, conduis-moi jusqu'à un fiacre, mais ensuite, promets-moi de ne pas retourner dans la salle.

– Je te le promets. Aussi bien, le bal sans toi n'aurait plus d'intérêt.

Pourtant, comme ils descendaient le grand escalier pour gagner le péristyle de l'Opéra, toujours escortés du domino rouge, Fritz déclara :

– Je voudrais pourtant bien apercevoir ton visage !

Et, du bout des doigts, il essaya de soulever le volant de dentelle. Mais, plus prompte que lui, le domino rouge se jetait déjà entre lui et son amie. Puis, comme un fiacre s'arrêtait, elle y poussa sa compagne et, avant que le jeune homme fût revenu de sa surprise, la voiture s'éloignait au grand trot, tandis qu'il restait debout sur les marches, regardant fuir cet étonnant rêve en domino jaune.

Cependant, à l'intérieur de la voiture, le domino rouge se laissait aller sur les coussins avec un soupir de soulagement :

– Dieu que j'ai eu peur ! J'ai bien cru un instant que ce jeune insolent allait démasquer Votre Majesté.

– Mais tu sais toujours si bien me garder ! D'ailleurs, il était charmant et je me suis bien amusée, ce qui n'est pas si fréquent. Aussi, ma chère Ida, aie la bonté de ne pas me gronder.

Enlevant enfin son masque, Élisabeth s'adossa aux coussins et ferma les yeux, tandis que sa lectrice et confidente hongroise, Ida de Ferenczi, serrait les lèvres pour mieux retenir les respectueux reproches qu'elle s'apprêtait à faire. Mais après tout, cela n'aurait servi à rien. Cette escapade au bal n'avait été qu'un caprice bizarre, comme en avait parfois l'impératrice. Elle aimait imaginer qu'elle pouvait être une femme comme toutes les autres... et aussi, elle aimait à se prouver à elle-même que son charme, irrésistible même sous un masque, était toujours aussi puissant malgré ces fameux trente-six ans. Malgré aussi le fait que, depuis deux mois, Élisabeth était grand-mère. En effet, sa fille aînée Gisèle, mariée au prince Léopold de Bavière, venait de mettre au monde une petite Élisabeth et l'impératrice avait passé auprès d'elle, à Munich, un très agréable début d'année.

Et puis, ce jeune Fritz avait eu le don de lui plaire, peut-être parce que l'atmosphère de Vienne n'avait pas encore effacé sur lui la senteur des grandes forêts de Carinthie.

En dépit des remontrances inquiètes d'Ida de Ferenczi, Élisabeth tint à écrire à Fritz Pacher von Theinburg. Elle le fit sous un nom d'emprunt, lui laissant entendre qu'elle pouvait s'appeler Gabrielle, à moins que ce ne fût Frédérique. Et même, elle lui indiqua une adresse poste restante afin qu'il pût lui répondre. Sa seule concession à la prudence fut de s'arranger pour que ses lettres à elle n'eussent jamais l'air d'avoir été postées à Vienne.

« *Je suis de passage à Munich pour quelques heures,* écrivit-elle, *et j'en profite pour vous donner le signe de vie que je vous ai promis. Avec quelle angoisse vous l'avez attendu, ne le niez pas. Je sais aussi bien que vous ce qui se passe en vous depuis cette fameuse nuit. Vous avez parlé à des milliers de femmes et vous avez cru, sans doute, vous amuser, mais votre esprit n'est jamais tombé sur l'âme sœur. Enfin, vous avez trouvé, dans un mirage étincelant ce que vous cherchiez depuis des années, mais pour le perdre sans doute à jamais...* »

À ce jeu étrange encore qu'un peu cruel, le jeune homme se prit. Il répondit des pages émues, passionnées, des pages qui posaient des questions « Pourquoi continuez-vous à faire la mystérieuse avec moi, Domino Jaune ? Je voudrais savoir cent choses de vous... »

Élisabeth répondit très vite, grisée peut-être, à son corps défendant, par ce parfum d'amour et d'aventures qui lui restait du bal.

« Il est minuit passé à ma montre. Rêves-tu de moi en ce moment, ou envoies-tu dans la nuit des chants nostalgiques ?... »

Ida ne vivait plus, car elle sentait que la souveraine prenait plaisir à oublier la distance qui la séparait de ce petit fonctionnaire. Fritz, pour sa part, se laissait emporter par des rêves insensés, car il était à peu près sûr de l'identité de son inconnue. En outre, rencontrant un jour l'impératrice à une exposition florale au Prater, il constata avec un battement de cœur accéléré qu'elle répondait à son salut avec une amitié plus marquée que pour les autres. Alors, rentré chez lui, il osa écrire au Domino Jaune.

« Vous ne vous appelez pas Gabrielle, n'est-ce pas, ni Frédérique ? N'est-ce pas plutôt Élisabeth ? »

Cette lettre, Élisabeth la froissa avec colère. Ce jeune imbécile gâchait tout, et maintenant, il fallait cesser le jeu amusant et dangereux avant qu'il ne soit trop tard, ne débouchât sur un scandale ou que Fritz ne fît des bêtises.

Elle cessa tout à fait d'écrire, partit pour l'Angleterre, oublia sa fantaisie, sans penser un seul instant au chagrin qu'elle allait causer.

Le jeune homme fut en effet très malheureux. Au bal du Mardi gras suivant, il retourna à l'Opéra sans y rencontrer son Domino Jaune. Il y retourna même plusieurs années de suite, mais jamais ne reparut « l'étincelant mirage ».

Dix ans passèrent. Élisabeth, plus instable et plus capricieuse que jamais, ne séjournait plus que rarement à Vienne. Elle cherchait à fuir un destin qui l'accablait, et peut-être à se fuir elle-même.

Un soir de 1886, elle se reprit à penser à ce charmant Fritz alors qu'elle venait d'écrire un poème, comme cela lui arrivait souvent. Celui-là était écrit en anglais et elle décida de l'appeler « le chant du Domino Jaune ». Il commençait par ces mots « *Long, long ago...* »

La fantaisie lui prit de l'envoyer à Fritz et comme elle ne résistait jamais à ses impulsions elle écrivit à l'ancienne adresse. La réponse arriva presque aussitôt.

« *Que s'est-il passé depuis ces onze ans ? Tu resplendis sans doute encore de ta fière beauté d'autrefois.*

Quant à moi, je suis devenu un époux respectable et chauve, pourvu d'une adorable petite fille. Tu peux, si tu le juges convenable, déposer sans crainte ton domino et éclaircir enfin cette énigmatique aventure, la plus troublante de celles que j'ai vécues... »

Sa lettre était pleine de gentillesse, malheureusement celle qu'il reçut par la suite était teintée d'une pénible moquerie. On lui demandait de faire photographier son « crâne paternel ».

Blessé, il répondit une dernière fois :

« *Je regrette infiniment qu'après onze ans, tu juges encore utile de jouer à cache-cache avec moi. Se démasquer après si longtemps eût été un jeu charmant et mis une bonne fin à l'aventure du Mardi gras 1874. Mais une correspondance anonyme après si longtemps manque de charme. Ta première lettre m'a fait plaisir, la dernière m'a vexé. La méfiance irrite celui qui ne la mérite pas. Adieu, et mille excuses...* »

Cette fois, c'était bien fini. Le jeu du Domino Jaune avait pris fin. Il n'en resterait plus dans les papiers d'un monsieur vieillissant qu'un petit paquet de lettres pieusement conservées et auxquelles parfois il donnait un regard... et un regret !

« Sissi » et Katharina Schratt

Par un bel après-midi de l'été 1884, un équipage, dont la discrétion n'excluait pas une irréprochable élégance, s'arrêta dans le jardin d'une villa au jardin fleuri descendant jusqu'aux eaux bleues du lac de Saint-Wolfgang, dans le Tyrol autrichien. Une femme grande et mince, abritant sous une voilette et un chapeau à larges bords une beauté toujours éclatante, en descendit, faisant signe à une autre femme qui s'y tenait avec elle de demeurer.

Un instant plus tard, l'occupante de la villa, célèbre et charmante comédienne viennoise nommée Katharina Schratt, vit pénétrer dans son salon la dame de la voiture, dont la vue la suffoqua tellement qu'elle dut faire appel à toute sa présence d'esprit pour ne pas oublier sa révérence.

– Madame ! balbutia-t-elle. Je ne sais comment... Que Votre Majesté me pardonne, mais la voir apparaître tout à coup ici, chez moi...

– Comme un personnage de théâtre, n'est-ce pas ? Ne vous troublez pas, Madame Schratt ! Que ma visite vous surprenne n'a rien de très étonnant et je vous demande bien pardon de la faire impromptu, sans vous l'avoir annoncée. Mais je tenais à ce qu'il en soit ainsi. Maintenant, voulez-vous oublier un instant que je suis l'impératrice et m'accorder quelques instants où nous pourrons parler seulement en femmes ?

– Votre Majesté me rend confuse, murmura l'actrice qui, effectivement, avait rougi jusqu'à la racine de ses cheveux blonds. J'espère seulement qu'elle a besoin de moi et je la supplie de me dire ce que je peux pour son service ?

– Eh bien, d'abord vous asseoir ici, près de moi. Ensuite, je vous le répète, ne pas vous troubler, car c'est de l'empereur que je suis venue vous parler. Il a pour vous une grande amitié... de l'affection même, je crois ?

– Madame ! murmura Katharina au supplice, je ne sais ce que l'on a pu dire...

– Au sujet de cette amitié ? Des sottises, bien sûr, mais il se trouve que je sais la vérité. Soyez donc sans crainte aucune !

Elle tenait, en effet, en assez peu de chose, cette vérité. Quelques mois plus tôt, en novembre 1883, l'empereur François-Joseph, qui assistait, au Burgtheater de Vienne, à une représentation d'un drame intitulé *Les Mains de fée*, avait remarqué Katharina Schratt, nouvelle venue au théâtre et qui interprétait dans la pièce le rôle d'Hélène. C'était une jolie femme de trente-quatre ans, fraîche, gaie, aimable, fort bien élevée et très cultivée, avec de grands yeux clairs et un teint de pêche sous une masse de cheveux châtain doré.

L'empereur, habituellement taciturne et froid, tint à féliciter l'artiste pour son talent, et il le fit avec une amabilité qui laissa pantois le prince de Montenuovo, l'austère, rigide et insupportable maître des cérémonies de la cour pour qui le respect de l'étiquette était une espèce de vocation.

Quelque temps après, l'empereur (alors âgé de cinquante-trois ans) avait revu la jeune femme au fameux Bal de l'Industrie auquel tout Vienne se devait d'assister. Là, à la grande stupeur des assistants et de son entourage, il s'était longuement entretenu avec elle, déchaînant ainsi une énorme vague de potins passablement malveillants, mais qui n'empêchèrent nullement Katharina Schratt de devenir en quelque sorte la comédienne attitrée de la Cour. Elle parut dans les meilleurs rôles et dans les occasions les plus importantes, comme la soirée que donna l'empereur au château de Kremsiert en l'honneur du tsar et du Kaiser. Et, naturellement, il n'y eut qu'une voix dans Vienne pour proclamer qu'elle était devenue la maîtresse de François-Joseph, sur le sombre caractère duquel sa beauté et son charme semblaient du reste agir de la plus heureuse façon. Mais ce fut avec une mauvaise impatience que les commères guettèrent le retour de l'impératrice, partie pour l'un de ses éternels voyages. Comment Élisabeth prendrait-elle une aventure conjugale aussi largement affichée ?

C'était exactement ce que se demandait Mme Schratt en contemplant le beau visage de sa souveraine, un visage parfaitement serein et qui, même, lui sourit gentiment.

– Vous êtes charmante, dit-elle. Je sais que votre gaieté, votre esprit délassent l'empereur de son écrasant labeur. En un mot, vous lui faites du bien... un bien que je n'ai plus, moi, la possibilité de lui faire ! ajouta-t-elle avec une ombre de mélancolie.

– Pourtant... fit doucement Mme Schratt, l'empereur aime profondément Votre Majesté. Plus que tout au monde, je crois bien !

– Je sais ! Et de mon côté, j'ai pour lui une infinie tendresse. Mais, vous le savez comme tout le monde ici, je déteste Vienne, la cour où j'étouffe, ces palais sinistres où jamais je ne me suis sentie chez moi. Je les fuis autant que je peux... et l'empereur, qui y demeure attaché, est bien seul !

Cette fois, la comédienne ne répondit pas. Comme toute l'Autriche, elle connaissait le caractère fantasque de l'impératrice, sa crainte presque obsessionnelle de la folie, ses manies voyageuses, ses excès sportifs, et aussi les régimes insensés qu'elle s'imposait quand elle s'imaginait avoir pris quelques grammes.

Durant des semaines, Élisabeth se nourrissait exclusivement de raisins pressés et de cigarettes, mais n'en effectuait pas moins des marches ou des chevauchées d'une longueur propre à décourager un soldat endurci. Elle était déjà l'impératrice errante... en attendant d'être un jour celle de la solitude.

Et pourtant, il était bien vrai que son époux lui gardait intact l'amour des premiers temps de leur romanesque mariage, qu'il souffrait de la voir s'éloigner constamment de lui, car pas un instant, elle n'avait cessé d'être pour lui l'adorable Sissi d'autrefois. Mais entre ces deux êtres si dissemblables, il y avait l'Empire, énorme, écrasant qui tenait François-Joseph rivé comme un forçat à sa table de travail de la Hofburg ou de Schönbrunn. Et jamais Sissi, n'était parvenue à assouvir sa fringale d'espace et de liberté.

Tout cela, Mme Schratt le savait et, au fond de son cœur bien féminin, elle laissait toute sa sympathie aller vers l'empereur, qu'elle plaignait. Elle savait que si les étrangetés de sa femme n'étaient jamais parvenues à entamer son amour pour elle, il ne parviendrait jamais à les comprendre. Quel homme normal l'aurait pu, d'ailleurs ? Et il y avait chez François-Joseph un profond appétit de tranquillité, de bonheur simple et paisible. Dans la peau d'un gentilhomme campagnard, cet homme-là eût été parfaitement heureux. L'empire en avait fait un pointilleux bureaucrate.

– Vous ne répondez pas ? fit l'impératrice, un peu surprise du silence gardé par la comédienne. Cela vous ennuie-t-il tellement, ou même cela vous gêne-t-il dans votre vie privée de donner votre amitié à l'empereur ?

– Je n'ai pas de vie privée, Madame. Quant à mon amitié, elle est toute à l'empereur, s'il veut bien l'accepter.

– Ainsi, vous acceptez de vous occuper de lui... de le distraire ?

– De tout mon cœur !

– Alors, c'est bien ! Je vous remercie sincèrement, Madame Schratt, et j'ajoute que c'est toujours avec le plus grand plaisir que je vous verrai au palais.

La bizarre visite étant terminée, Élisabeth s'était levée, offrait sa main à la comédienne, qui s'inclina profondément pour la baiser. Un pacte venait de se conclure entre deux femmes. Un pacte qui avait pour but tout simple d'apporter un peu de détente à un homme écrasé sous sa charge.

Afin de donner à leur entente une sorte de consécration officielle, qui aurait l'avantage d'imposer silence aux cancanières, Élisabeth commanda au peintre officiel de la cour, Heinrich von Angeli, un portrait de Mme Schratt qu'elle désirait offrir à l'empereur. Et plusieurs fois, tandis que Katharina posait dans l'atelier de l'artiste, elle y vint avec François-Joseph pour surveiller les progrès du travail.

La livraison du portrait allait valoir à la jeune femme la première des innombrables lettres que le souverain écrirait à son amie en trente longues années d'attachement.

« Je vous prie de regarder ces lignes comme une marque de la profonde reconnaissance pour la peine que vous avez prise de poser pour ce portrait de M. Von Angeli. Une fois de plus, je dois vous répéter que jamais je ne me serais permis de vous demander un pareil sacrifice et que ma joie pour ce précieux cadeau est d'autant plus grande. Votre dévoué admirateur. »

Lettre d'amour ? Lettre d'affection bien plutôt, et jamais, par la suite, François-Joseph n'emploiera le langage plein de tendresse qu'il réservait à Sissi. Il appellera Katharina « Très chère amie » ou « Chère bonne amie » mais jamais « Mon ange chéri », comme il avait coutume de le faire pour sa femme. De temps en temps, il ira jusqu'à l'appeler Kathy, mais jamais personne ne pourra se vanter d'avoir entendu entre eux, ou lu dans leur correspondance, un terme indiquant une intimité plus grande. Pour sa part, Katharina ne dira jamais que Sire et Votre Majesté. Et pourtant...

Au matin du 30 janvier 1889, alors que Mme Schratt prenait son petit déjeuner à la Hofburg, en la compagnie et dans l'appartement de la comtesse Ida de Ferenczi, dame d'honneur préférée de l'impératrice, celle-ci entra plus pâle qu'une morte et, très vite, d'une voix qui se brisait, demanda à la comédienne de se rendre au plus vite auprès de l'empereur qui avait « besoin d'elle ». Puis, elle ajouta dans un souffle : « Le comte Hoyos vient d'arriver de Mayerling... Mon fils est mort... et la jeune baronne Maria Vetsera avec lui !... »

Le drame de Mayerling allait, en effet, amener, un resserrement certain des relations entre François-

Joseph et Katharina Schratt. L'été suivant, la jeune femme loua à Ischl une villa toute proche de l'imposante résidence où la famille impériale avait coutume de villégiaturer : la villa Félicitas. À Ischl, François-Joseph oubliait les rigueurs de l'étiquette, et se retrouvait le chasseur passionné qu'il avait toujours été. C'était avec un bonheur toujours nouveau qu'il se replongeait dans la nature.

À peine Mme Schratt fut-elle installée que l'on perça une petite porte dans le mur mitoyen des deux propriétés et chaque matin, l'on put voir l'empereur, vêtu d'une vareuse de chasse, botté, coiffé d'un feutre rond orné d'un blaireau et d'une plume, franchir cette petite porte et se rendre, à pied, à la villa Félicitas, grand chalet de bois aux balcons peints et ouvragés. Sur le perron, Katharina l'attendait.

Elle lui adressait une belle révérence, puis le précédait dans la grande salle où le petit déjeuner était servi. Un petit déjeuner qu'elle confectionnait elle-même, car elle était excellente cuisinière. L'empereur trouvait là le café viennois à la crème fouettée, le pain de campagne, les compotes, les confitures, les œufs et les fines saucisses qu'il aimait et que son hôtesse confectionnait comme personne. Tous deux déjeunaient alors en échangeant les nouvelles de la matinée.

Parfois, Mme Schratt essayait, doucement, de chapitrer son impérial ami.

– Votre Majesté travaille trop ! Elle a mauvaise mine, même ici. Elle devrait dormir davantage.

Car, surtout depuis la mort de son fils, l'empereur dormait de moins en moins. Chaque matin, hiver comme été, il se levait à trois heures et travaillait à ses dossiers jusqu'à l'heure du bienheureux petit déjeuner.

– Je dois faire mon métier, Kathy, et le faire bien ! Tout au moins, du mieux que je peux.

Ensuite, il s'accordait une promenade avec son amie, promenade à laquelle s'associait Élisabeth quand elle était là, ce qui était de plus en plus rare. Mayerling avait fait d'elle une sorte de grand oiseau noir, affolé et douloureux, qui errait inlassablement d'un bout à l'autre de l'Europe.

Les petits déjeuners d'Ischl devinrent si chers à l'empereur que, de retour à Vienne, il continua à se rendre chaque matin chez son amie, dans sa belle maison de la Gloriettengasse. Avec une joie enfantine, il se plaisait à proclamer que personne ne confectionnait, comme elle le café au lait et les saucisses. Ce qui inspira à l'écrivain français Robert de Flers un mot cruel et peu élégant :

– Mme Schratt est une dame qui attache l'empereur avec des saucisses !

C'était cependant une vérité profonde. Ces instants de vie bourgeoise, ce semblant d'intérieur que lui apportait Katharina étaient devenus infiniment précieux au souverain. Mais bien sûr, on en vient malgré tout à se poser la question naturelle : fut-elle ou non sa maîtresse ?

Toutes les mauvaises langues de Vienne en étaient persuadées. Pourtant, l'amitié constante d'Élisabeth pour la jeune femme, l'affection que les jeunes archiduchesses manifestaient à Mme Schratt et le respect évident que lui témoignait François-Joseph s'inscrivent en faux contre ces bavardages. On peut supposer que, dans les tout premiers temps, la fraîcheur de la comédienne put tenter l'empereur privé d'amour mais, outre qu'il est impossible de l'affirmer, ce ne put être qu'une très brève passade.

Ce qui est certain, par contre, c'est la haine que cette amitié insigne valut à Mme Schratt de la part de certains personnages. Le plus acharné fut le prince de Montenuovo. Cet homme aux idées étroites, pétri de morgue plus qu'aucune altesse impériale, fut l'un des mauvais génies du règne et l'une des causes d'exacerbation de bien des problèmes familiaux des Habsbourg. Rodolphe eut à en souffrir ainsi que l'impératrice. Plus tard ce furent François-Ferdinand et son épouse morganatique, car c'était un homme qui ne désarmait jamais.

Tant que vécut Élisabeth, cependant, il n'osa pas trop faire sentir son animosité à Mme Schratt. Mais dès que Sissi fut tombée sous le poignard de l'assassin Luccheni, il donna libre cours à sa méchanceté. Mme Schratt fut chassée du Burgtheater pour avoir défendu une pièce qui mettait en scène Napoléon Ier. Et malheureusement, l'Empereur, peut-être mal informé, ne fit rien pour défendre son amie.

D'ailleurs, cruellement frappé par la mort de sa femme, il semblait avoir perdu presque toute sa vitalité. Le malheur s'abattait sur lui avec trop de régularité. Après Élisabeth, ce fut son héritier, assassiné à Sarajevo, ce fut la guerre. La fin du règne de François-Joseph sombrait dans le drame et le sang...

Au soir du 21 novembre 1915, par un sec et glacial coup de téléphone, Montenuovo apprit à Mme Schratt la mort de l'empereur, en lui précisant qu'il était peu souhaitable qu'elle vînt saluer la dépouille mortelle.

Poussée par une tendresse vieille maintenant de trente ans, elle osa passer outre et, portant deux roses, elle se rendit timidement à l'entrée des appartements impériaux, prête à implorer le maître des cérémonies de la laisser entrevoir encore une minute son vieil ami.

Mais elle n'eut pas à prier. Celui qu'elle vit venir à elle, c'était le nouvel empereur, Charles, qui, sans un mot mais doucement, vint prendre par la main cette dame déjà âgée, en larmes, pour la mener près de la couche funèbre, où elle se laissa tomber à genoux en sanglotant.

Le paisible roman était fini, mais Katharina Schratt devait longtemps encore en conserver pieusement la mémoire, car c'est seulement le 17 avril 1940 que s'éteignit celle que les Autrichiens avaient fini par baptiser, avec un peu de tendresse, l'impératrice sans couronne...

« Sissi » et la malédiction

Le 8 octobre 1849, dans Pesth, où les troupes du prince Windischgraetz, soutenues par les régiments russes du tsar, écrasaient dans le sang la Révolution de Kossuth, un homme sage, qui n'avait cherché que le salut de son pays, tombait sous les balles d'un peloton d'exécution. C'était le comte Lajos Bathyany, ancien Premier ministre. Il avait quarante-trois ans et, pour lui, la fusillade prit l'allure d'un affreux massacre.

À demi folle de douleur la comtesse, sa femme, lança alors contre le jeune empereur François-Joseph, au nom duquel s'était fait la tuerie, une malédiction désespérée.

– Que Dieu le frappe dans tout ce qu'il aime et dans toute sa lignée !

Et le destin, alors, se mit en marche...

Pourtant, François-Joseph n'était pas vraiment coupable. Il n'avait que dix-neuf ans, et sa montée au trône impérial d'Autriche ne datait que de quelques mois. C'était le 2 décembre précédent, à huit heures du matin, que le Premier ministre, prince Schwartzenberg, avait donné lecture du document qui le déclarait majeur, en même temps que de ceux portant l'abdication de l'empereur Ferdinand Ier et la renonciation au trône de l'archiduc François-Charles et de l'archiduchesse Sophie, parents du jeune prince. La révolution hongroise avait été simultanée, et à Schwartzenberg, soutenu par l'archiduchesse Sophie, incombait la responsabilité réelle du premier grand drame moderne subi par la noble Hongrie.

Pourtant, c'était à François-Joseph que s'adressait la malédiction de la comtesse Bathyany et c'est bien lui qui allait la subir. Le 24 avril 1854, il épousait sa cousine Élisabeth, fille du duc Max en Bavière, dans les circonstances que l'on sait. Tout semblait sourire à ce jeune couple, qui possédait tout : jeunesse, beauté, qualités de cœur, amour, et l'une des plus puissantes couronnes du monde. Mais la ravissante Élisabeth apportait, masquée par son éclatante beauté, la lourde hérédité des Wittelsbach, leur romantisme exacerbé, leur sensibilité d'écorchés vifs et leur goût de l'errance. Jointe à celle des Habsbourg, elle recelait le germe de tous les drames et de toutes les possibilités tragiques.

Rapidement, Élisabeth étouffa dans le corset de l'impitoyable étiquette viennoise, copiée sur celle des rois d'Espagne. L'amour, jamais démenti, de son époux ne pouvait l'empêcher de chercher ses rêves aux quatre horizons, dans des voyages au loin, comme en rêvait son cousin, le roi fou, Louis de Bavière. Pour François-Joseph, elle résumait tout l'amour du monde, un amour perpétué dans les quatre enfants qu'elle lui donna. Et il pensait que tant qu'il aurait sa chère « Sissi » et ses enfants. aucune catastrophe ne l'atteindrait vraiment. Véritable bourreau de travail, prisonnier d'une bureaucratie tatillonne et outrageusement conservatrice, il passait sa vie aux commandes de son énorme empire, s'efforçant de laisser à Élisabeth le plus de liberté possible, puisque là était son plaisir.

Pourtant, un premier drame l'atteignit, après une première douleur, qui avait été la mort, le 20 mai 1857, de leur premier enfant, la petite Sophie. Le 19 juin 1867, son frère, l'empereur du Mexique, Maximilien, tombait sous les balles des guérilleros de Juarez et l'impératrice Charlotte sombrait dans la folie.

Le second drame écrasa les deux époux : le 20 janvier 1889, l'archiduc Rodolphe, héritier de l'Empire, se suicidait au pavillon de chasse de Mayerling, en compagnie de la jeune baronne Vetsera. De ce jour, l'impératrice voyageuse devint l'impératrice errante : ne pouvant plus endurer Vienne, elle n'y faisait que de brefs séjours, et repartait pour Corfou, pour Londres, pour Madère, pour n'importe où, se jetant aux quatre coins de l'Europe comme un oiseau affolé, suivie d'une poignée de serviteurs dévoués. La mort la hantait, celle de son fils plus encore que celle, cependant si tragique, de son cousin Louis II, mort noyé dans le lac de Starnberg. Et la mort, semblait la poursuivre. Elle lui réservait un dernier coup, particulièrement cruel : le 4 mai 1897, la plus jeune de ses sœurs, Sophie, duchesse d'Alençon, périssait brûlée vive dans l'incendie du Bazar de la Charité.

Élisabeth se trouvait alors à Lainz quand la nouvelle l'atteignit. Accablée, elle ne voulut voir personne et ne reçut que François-Joseph, accouru de Vienne pour la réconforter. Elle était alors dans un tel état de nerfs, si pâle et si souffrante que l'empereur la supplia d'aller se reposer aux eaux de Kissingen qui lui faisaient toujours grand bien.

La prévision s'avéra pour un temps, car le besoin de fuite de l'Impératrice allait la reprendre rapidement. En juin, elle retournait à Lainz, puis à Ischl, où son moral allait retomber plus bas encore.

– Elle parle tant de la mort, confia l'empereur à l'ambassadeur d'Allemagne, que je m'en trouve tout déprimé.

Mais, déjà, Ischl lui semblait étouffant. Le 29 août, Élisabeth partait pour Meran, afin d'y suivre une cure uvale. Elle parvint à y demeurer un mois. Quand elle quitta Méran, ce fut pour se rendre auprès de sa plus jeune fille, Marie-Valérie, mariée à l'archiduc François Salvator, prince de Toscane, depuis 1890. Le couple habitait depuis peu le château de Wallsee et l'impératrice, un instant, s'y trouva bien.

Malheureusement, elle ne s'est jamais faite au rôle de belle-mère et, en novembre, elle s'éloigne encore : cette fois, elle quitte l'Autriche, se rend à Paris, pour y passer Noël entre ses deux sœurs, Marie, reine de Naples, et Mathilde, comtesse de Trani. Sa santé est si mauvaise qu'elle renonce à se rendre aux Canaries comme elle en avait formé le projet, au grand soulagement de François-Joseph qui, enfermé dans sa Hofburg, où il passe seul son soixantième anniversaire, lui écrit :

« Je n'ai trouvé dans ta lettre qu'une seule parole réconfortante : tu renoncerais à ton voyage sur l'océan ? Comme je t'en serais reconnaissant. Car au milieu de mes soucis politiques, te savoir en mer et rester sans nouvelles de toi, c'est plus que je n'en pourrais supporter. Par le temps qui court, tout est à craindre... »

Elle renonce aussi à se faire soigner par le docteur Metzger, un charlatan d'ailleurs, et, après avoir fleuri la tombe de la duchesse d'Alençon et celle d'Henri Heine, elle quitte à nouveau Paris avec sa dame d'honneur, la comtesse Sztaray et une suite réduite. La voilà à Marseille d'où elle gagne San Remo, où elle se remet un peu malgré une névrite dans l'épaule qui l'empêche de dormir.

« Cela finira bien un jour, écrit-elle à Marie-Valérie. Le repos éternel n'en sera que meilleur... »

Mais elle ne tarde pas à s'ennuyer. En vain, elle insiste auprès de François-Joseph pour qu'il la rejoigne à San Remo. Accablé de travail, l'empereur doit refuser mais écrit, le 25 février 1898.

« *C'est attristant de penser que nous sommes éloignés depuis si longtemps ! Quand et où nous reverrons-nous ?...* »

Ils devaient se revoir à Kissingen, le 25 avril. Élisabeth y était revenue après un bref séjour à Territet, sur le lac Léman, qu'elle aimait tout particulièrement.

À Kissingen, les deux époux passent ensemble huit jours si doux et si heureux que l'empereur en est rempli de joie. Ils font ensemble de longues promenades, au cours desquelles « Sissi » manie habilement son ombrelle blanche et son éventail pour se protéger des curieux. Elle est presque gaie et, pour la conserver dans ces bonnes dispositions, François-Joseph, en regagnant Vienne, fait venir auprès d'elle Marie-Valérie.

Mère et fille retrouvent avec joie leur ancienne intimité, mais la tendresse de la jeune femme est impuissante à lutter contre les pensées morbides de la mère.

– Je désire la mort ! dit souvent Élisabeth. J'ai rayé de ma vie le mot espoir.

Peut-être pourrait-elle retrouver quelque douceur auprès de ses petits-enfants, mais leur vue lui est plus pénible qu'agréable. Prisonnière d'elle-même et de ses fantasmes, elle ne songe toujours qu'à s'échapper... fuir ! Vers où ? Pourquoi ? Elle ne le sait pas. Seule, la vue de la nature lui apporte quelque apaisement.

Quand Marie-Valérie la quitte pour rentrer chez elle, Élisabeth ne la suit pas. Elle se rend à Brükenau, puis à Ischl, où l'empereur la rejoint pour quelques jours. Lorsqu'ils se quittent de nouveau, la comtesse Sztaray remarque qu'Élisabeth a les yeux pleins de larmes. Pressentiment peut-être ? Jamais plus François-Joseph ne devait revoir Sissi...

Il lui écrit, le 17 juillet.

« *Tu me manques infiniment. Toutes mes pensées sont près de toi et c'est avec douleur que je pense au temps cruellement long de la séparation. La vue de tes chambres vides me fait mal...* »

Mais Élisabeth ne revient pas. Elle s'éloigne, au contraire, gagne la Suisse, qu'elle aime malgré les craintes du cabinet impérial : en effet, la Suisse est alors le rendez-vous de tous les anarchistes et de tous les révolutionnaires, que sa neutralité protège. Et il en est de dangereux...

Le 30 août, l'impératrice, sous le nom de comtesse de Hohenembs, s'installe au Grand Hôtel de Caux, au-dessus de Territet, en compagnie de la comtesse Sztaray, du général de Beszevicky, de trois autres dames d'honneur, de son lecteur grec Barker et de quelques domestiques. Le temps est superbe et, avec délices, Élisabeth reprend les longues promenades à pied qu'elle affectionne... et qui mettent au supplice ses dames d'honneur exténuées.

Au même moment, se trouvait à Genève, un homme inquiétant. Il se nommait Luigi Luccheni, âgé de vingt-six ans, Italien né à Paris ; ancien soldat à la tête farcie de journaux subversifs et qui souhaitait s'illustrer en abattant quelque « grosse tête ». En réalité, Luccheni n'était pas tellement fixé sur la personnalité qu'il voulait tuer. Anarchiste plus qu'anarchisant, il souhaitait seulement que ce fût quelqu'un de très connu et, en attendant, il s'était fabriqué une arme pour le grand jour : un tire-point de cordonnier.

– J'aimerais bien tuer quelqu'un, confiait-il alors à l'un de ses camarades anarchistes, mais il faudrait que ce soit quelqu'un de très connu, pour qu'on en parle dans les journaux.

Ainsi, muni d'une arme, Luccheni se cherche une victime et songe d'abord au prince Henri d'Orléans, qui séjourne fréquemment à Genève. Il pense aussi à partir pour Paris, afin d'intervenir dans l'affaire Dreyfus, mais le voyage coûte cher... C'est alors que les journaux annoncent la prochaine arrivée à Caux de l'impératrice Élisabeth... Dès lors, Luccheni sait qui il frappera : ce sera tellement plus facile que d'aller à Paris !

À Caux, Élisabeth reprend des forces. Elle écrit de longues lettres à sa fille, lui raconte ses excursions et lui annonce qu'elle engraisse... en ajoutant qu'elle craint terriblement de ressembler un jour à sa sœur, la reine de Naples. Elle est presque gaie, mais son entourage se met à trembler quand elle annonce son intention d'accepter l'invitation de la baronne de Rothschild, qui souhaite lui faire visiter sa villa de Pregny dont les serres sont parmi les plus belles du monde. Le général Beszevicky s'affole, et confie à la comtesse Sztaray ses inquiétudes :

– Genève est dangereuse, comtesse ! Qui sait ce qu'il peut passer par la tête de ces anarchistes qui l'infestent.

Mais Élisabeth tient à sa visite.

– Dites au général que ses inquiétudes sont ridicules, déclare-t-elle à sa dame d'honneur. Que pourrait-il donc m'arriver à Genève ?

De même, elle refuse le yacht que souhaitait lui envoyer la baronne de Rothschild. La raison profonde en est que les Rothschild interdisent formellement à tous ceux qui sont à leur service d'accepter des pourboires. Et le 9 septembre au matin, Élisabeth, accompagnée de la comtesse Sztaray, monte sur un bateau de la Compagnie générale de Navigation pour gagner Genève. Elle passera la nuit à l'hôtel Beau-Rivage où le général, le docteur Kromar, ses serviteurs l'ont déjà précédée ; et tout le monde reviendra le lendemain.

Le voyage dure quatre heures. Élisabeth les emploie à bourrer de fruits et de gâteaux un petit garçon qui s'agite dangereusement. À une heure, le bateau accoste et, en voiture, l'impératrice et sa dame d'honneur gagnent Pregny où les attend la baronne, une dame de cinquante-huit ans.

La réception de la baronne est une parfaite réussite, malgré une trop grande débauche de laquais galonnés d'or. Sur une table fleurie d'orchidées était dressé un superbe couvert en porcelaine de Vienne et une musique discrète se faisait entendre. Les trois femmes burent du champagne et dégustèrent un menu délicieux, comportant entre autres « des petites timbales, de la mousse de volaille et une crème glacée à la hongroise ».

Après quoi, on visita les collections qui faisaient de la villa un véritable musée : œuvres d'art, tapisseries, oiseaux exotiques, serres royales, tout plut infiniment à l'impératrice, qui se retira enchantée de sa journée après avoir signé le livre d'or de la baronne. Mais heureusement sans le feuilleter, car elle eût pu voir s'étaler sur une page blanche une signature qui l'aurait bouleversée : celle de son fils Rodolphe.

De retour à Genève, Élisabeth et Irma Sztaray vont manger des glaces (l'impératrice en raffole), puis rentrent à l'hôtel où, d'ailleurs, la souveraine passe une mauvaise nuit. Cette nuit est trop lumineuse, trop belle, et la sensibilité d'Élisabeth l'éprouve avec une acuité presque douloureuse.

Le lendemain, dix septembre, elle se lève à neuf heures, puis se rend rue Bonivard, chez un marchand de musique, pour acheter un orchestrion et des rouleaux de musique qu'elle destine à Marie-Valérie. Elle pense que l'orchestrion « fera plaisir à l'empereur et aux enfants... »

Puis, elle rentre à l'hôtel, s'habille pour le départ et boit un verre de lait dont elle oblige la comtesse Sztaray à prendre sa part.

– Goûtez ce lait, comtesse, il est délicieux !

À une heure trente-cinq, les deux femmes quittent l'hôtel à pied et suivent le quai pour gagner l'embarcadère. Elles ne remarquent pas un inconnu qui vient à leur rencontre et qui, cependant, agit d'étrange façon : il se cache derrière un arbre, repart, se cache encore...

Soudain, il se dresse devant l'impératrice, la frappe d'un coup de poing, ou de ce qu'elle croit être un coup de poing, après avoir bousculé la comtesse, et s'enfuit tandis que Mme Sztaray pousse un cri perçant et que l'impératrice s'affaisse. L'homme n'ira pas loin : dans une rue voisine, deux passants le poursuivent, le ceinturent et l'arrêtent.

Cependant, des gens s'attroupent autour de cette femme en noir, encore très belle, qui est tombée à terre. Son opulente chevelure dénouée a heureusement amorti le choc. Un cocher aide à se relever celle qui, pour tous, n'est qu'une étrangère de plus.

– Mais, je n'ai rien, dit-elle.

On veut l'aider à remettre de l'ordre dans sa toilette : elle refuse.

- Ce n'est rien ! Dépêchons-nous ! Nous allons manquer le bateau.

Puis, tout en se dirigeant vers la passerelle, elle dit à la comtesse :

– Que pouvait bien vouloir cet homme ? Peut-être ma montre ?

C'est de son pas habituel, refusant l'aide d'Irma Sztaray, qu'elle atteint le bateau. Mais elle a conscience d'avoir mauvaise mine.

– Je suis pâle, n'est-ce pas ?

– Un peu. Sans doute est-ce l'émotion. Votre Majesté souffre-t-elle ?

– La poitrine me fait un peu mal...

À ce moment, le portier de l'hôtel accourt.

– Le malfaiteur est arrêté ! crie-t-il.

L'impératrice atteint la passerelle du bateau, la traverse, mais à peine a-t-elle mis le pied sur le pont qu'elle se tourne subitement vers sa compagne.

– À présent, donnez-moi votre bras, vite !

Vivement, la comtesse la saisit, mais elle n'a pas la force de la retenir. Élisabeth perd connaissance et s'affaisse de nouveau, lentement. Irma s'agenouille et prend sur sa poitrine la tête si blanche.

– De l'eau, de l'eau ! s'écrie-t-elle, et un médecin !..

On apporte de l'eau, elle en asperge la figure de l'impératrice, qui ouvre les yeux, des yeux qui déjà perdent leur regard. Faute de médecin, une passagère se propose. Elle est infirmière et se nomme Mme Dardalle. Le capitaine du bateau, Roux, approche et s'inquiète. Comme le bateau n'est pas encore parti, il conseille à la comtesse Sztaray de débarquer, mais on lui répond qu'il ne s'agit que d'une syncope due à la frayeur.

Pour que la malade ait de l'air, trois messieurs se proposent à la porter sur le pont. On étend Élisabeth sur un banc, et tandis que Mme Dardalle lui fait faire quelques mouvements respiratoires, la comtesse ouvre la robe, coupe le corset et glisse dans la bouche de l'Impératrice un morceau de sucre imbibé d'alcool. Sous son action, la malade ouvre les yeux, se redresse.

– Votre Majesté se sent-elle mieux, chuchote la comtesse.

– Oui, merci...

Elle s'assied, regarde autour d'elle, puis demande :

– Mais qu'est-il donc arrivé ?

– Votre Majesté s'est trouvée mal. Mais cela va mieux, n'est-ce pas ?

Cette fois, elle n'obtient pas de réponse. Élisabeth vient de retomber en arrière, sans connaissance.

– Frottez-lui la poitrine ! conseille Mme Dardalle.

La comtesse délace alors le cache-corset et sur la chemise de batiste mauve aperçoit une tache brunâtre percée d'un petit trou puis, au-dessus du sein gauche, une petite blessure qui retient un caillot de sang.

– Grand Dieu ! dit-elle. Elle a été assassinée.

Alors, affolée, Mme Sztaray appelle le capitaine :

– Pour l'amour du ciel, accostez vite ! Cette dame est l'impératrice d'Autriche ! Elle est blessée à la poitrine, je ne puis la laisser mourir sans médecin et sans prêtre. Accostez à Bellevue. Je l'amènerai à Pregny chez la baronne de Rothschild :

– Vous n'y trouverez pas de médecin et probablement pas de voiture ! Nous retournons à Genève.

Et l'on revient à l'embarcadère. Avec deux rames et des fauteuils pliants, un brancard est improvisé. Six personnes le portent, tandis que quelqu'un protège d'une ombrelle la tête de la mourante, car c'est une mourante, qui ne reprendra pas connaissance, que l'on amène au Beau-Rivage et que l'on couche dans la chambre qu'elle avait quittée si peu de temps auparavant. L'hôtelière, Mme Mayer, et une nurse anglaise aident à la déshabiller, mais le docteur Golay ne laisse aucun espoir à la comtesse Sztaray épouvantée : l'impératrice se meurt. Quelques minutes plus tard, tout est fini. Élisabeth s'est endormie pour l'éternité, retrouvant dans la mort son inimitable sourire.

Cependant à Schönbrunn, l'empereur était occupé à écrire à sa femme.

« *J'ai été heureux du bon moral qui perce dans tes lettres et de ta satisfaction pour ce qui est du temps, du climat et de ton appartement...* »

Puis, il passa le reste de sa journée à revoir des documents et à préparer son départ pour les grandes manœuvres. À quatre heures et demie il voit arriver son aide de camp, le comte Paar, et lève la tête.

– Qu'y a-t-il donc, mon cher Paar ?

– Majesté !... Votre Majesté ne pourra pas partir ce soir. Je viens de recevoir une très mauvaise nouvelle, hélas !

– De Genève ?

Et il arrache la dépêche des mains du comte, la lit et chancelle.

– Un second télégramme ne peut manquer d'arriver ! Télégraphiez ! Téléphonez ! Cherchez à savoir !...

Il n'a pas le temps d'achever sa phrase. Un second aide de camp apparaît... portant une seconde dépêche.

« Sa Majesté l'impératrice décédée à l'instant... »

Alors, l'empereur s'écroule en sanglotant, la tête dans ses bras. On l'entend murmurer :

– Rien ne me sera donc épargné sur cette terre...

Mais déjà, la terrible nouvelle court le monde, arrive chez la fille aînée, Gisèle, à Munich, et chez Marie-Valérie. Toutes deux accourent auprès de leur père. Elles sont là, et toute l'Europe avec elles quand, le 16 septembre, s'ouvrent, devant la dépouille mortelle d'Élisabeth, les portes de bronze de la crypte des Capucins, où elle va reposer auprès de son fils et de son beau-frère, les deux autres victimes de la malédiction de la comtesse Bathyany.

Quant à Luccheni, qui, non seulement ne montra aucun regret de son crime, mais encore fit preuve durant le procès de la plus révoltante satisfaction, il devait être condamné, selon la loi suisse, à la prison perpétuelle. Mais il ne put supporter, lui qui se considérait comme un héros romain, le régime des condamnés de droit commun et, au bout de deux années, se pendit dans sa prison à l'aide de sa ceinture...

LA SANGLANTE COURONNE DU MEXIQUE

Le roman tragique de Charlotte et Maximilien

Le tour d'Europe d'un archiduc

Au premier coup de minuit sonné à l'horloge de la Hofburg, Johann Strauss frappa son pupitre de sa baguette et l'orchestre cessa de jouer. Le bal s'arrêta. Le Mardi gras venait de prendre fin et, avec les premières minutes du jour nouveau, commençait le Carême. Les couples se séparèrent, les femmes sur une révérence, les hommes sur un salut protocolaire, et l'archiduchesse Sophie se leva. Toutes les dames qui somnolaient plus ou moins, bien droites sur leurs chaises le long des murs de la salle de danse, en firent autant. Réveillée en sursaut, la comtesse Dietrichstein qui, elle, dormait à poings fermés et même ronflait quelque peu, sauta sur ses pieds avec un petit cri d'effroi.

Le face-à-main orné de diamants de l'archiduchesse s'arrêta tour à tour sur chacun de ses quatre fils : l'empereur François-Joseph, qui reconduisait sa danseuse, la séduisante comtesse Ugarte, les archiducs Charles-Louis et Louis-Victor, qui en faisaient autant, et aussi le second fils, l'archiduc

Maximilien, le plus grand des quatre. Maxl, comme on l'appelait familièrement, semblait avoir beaucoup de peine à prendre congé de sa danseuse, une belle jeune fille blonde, la comtesse von Linden, qui était fille de l'ambassadeur du Wurtemberg. Elle était ravissante ce soir, dans une robe de tulle blanc toute simple sur laquelle s'étalait un magnifique bouquet de fleurs d'oranger qui avait fait jaser les commères toute la soirée. Mais l'archiduchesse toussota et le jeune homme, rappelé aux convenances, consentit enfin à ramener la jeune fille à sa mère.

– À bientôt, lui chuchota-t-il. Et merci d'avoir porté mon bouquet ce soir...

Cette phrase innocente alla malheureusement tomber dans l'oreille du gouverneur du prince, le comte de Bombelles, qui exerçait aussi l'office de maître des cérémonies et allait en faire toute une histoire.

Bombelles était un vieillard quinteux, grognon, tatillon, et d'autant plus austère que sa vie n'avait pas toujours été irréprochable. Il avait été l'amant d'abord puis le troisième mari de la sentimentale Marie-Louise, veuve de Napoléon Ier puis du général Neipperg. Il est vrai qu'en observant le maigre vieillard, ridé comme une pomme séchée, on éprouvait quelque peine à croire qu'il eût pu faire éclater de dévorantes passions. Mais n'ayant plus le droit d'être un homme à femmes, Bombelles se vengeait en empoisonnant l'existence de ceux qui en avaient encore la possibilité. Et le protocole était devenu son unique raison d'être. À peine les invités retirés, il demanda audience à l'archiduchesse et lui rapporta ce qu'il avait entendu.

Une heure plus tard, l'empereur était informé. Il refusa d'abord de prendre la chose au sérieux.

– Croyez-vous vraiment que ce soit si grave, ma mère ? demanda François-Joseph en souriant. Offrir un bouquet à une jeune fille n'est pas un crime.

– Si, quand on est archiduc d'Autriche et que le bouquet est en fleurs d'oranger. Voyons, Franz, comment ne comprends-tu pas que cette petite Linden va s'imaginer une foule de choses folles ? Je suis certaine qu'elle se voit déjà archiduchesse. Il faut faire quelque chose. Maxl est complètement fou.

Cette histoire ennuyait l'empereur, qui aimait beaucoup son frère. Sensible lui-même au charme féminin comme tout jeune homme normalement constitué, il lui trouvait beaucoup de circonstances atténuantes : la petite Linden était charmante. Et à vingt-trois ans, même lorsque l'on est empereur, il est difficile d'être sévère. Mais François-Joseph connaissait suffisamment sa mère pour savoir qu'elle le harcèlerait jusqu'à ce qu'il ait pris une décision conforme à ses propres volontés. Il réfléchit un moment, puis hasarda :

– Le mieux serait peut-être qu'il voyage un peu. Pourquoi ne pas en faire un marin ? Il se passionne pour les choses de la mer. Nous l'enverrions à Trieste et il naviguerait.

Le front soucieux de l'archiduchesse Sophie se détendit :

– C'est une excellente idée, mon cher Franz. Qu'il parte dès demain. Nous ne devons pas risquer qu'il revoie cette petite... qu'il oubliera très vite.

Ainsi fut fait. Dès le lendemain, Maximilien, tout ahuri, se vit embarqué pour les rives bleues de l'Adriatique et s'en alla visiter la flotte autrichienne. Il admit que c'était là une chose tout à fait intéressante, mais n'en continua pas moins à soupirer après sa petite comtesse. Et comme, décidément, l'empereur avait des remords d'avoir ainsi expédié son frère sans tambours ni trompettes, alors qu'une simple explication entre frères eût sans doute suffi, François-Joseph rappela Maxl au bout de quinze jours, sans rien dire à sa mère.

Naturellement, Maximilien ne se le fit pas dire deux fois et revint à Vienne sans perdre un instant. Mais avant de regagner le palais, il fit arrêter sa voiture devant certaine fleuriste du Ring et fit envoyer à la comtesse von Linden un gros bouquet de roses pâles.

Le soir même, à l'Opéra, où la famille impériale s'était rendue au grand complet, la petite comtesse portait entre ses mains gantées de blanc le fameux bouquet de roses qu'elle passa la soirée à respirer en regardant mélancoliquement du côté de la loge impériale où Maxl la couvait des yeux. L'archiduchesse Sophie pensa en étrangler de fureur. À vingt et un ans, on n'a pas le droit de se conduire avec cette coupable légèreté, surtout lorsque l'on est frère d'empereur.

Le conseil de famille fut plutôt orageux, et l'insupportable Bombelles, scandalisé plus que tout le monde, ne se fit pas faute de jeter de l'huile sur le feu. Soupirant intérieurement, François-Joseph se décida à réexpédier le coupable, mais beaucoup plus loin. Cette fois, il s'agissait d'un long voyage d'exploration au Proche-Orient, un voyage protocolaire aussi au cours duquel l'archiduc visiterait le sultan et tous les princes orientaux qu'il pourrait trouver. On lui adjoignit comme compagnon de voyage un Hongrois, le comte Julius Andrassy, grand seigneur aimable et de haute valeur morale. Brusquement promu contre-amiral, le pauvre amoureux quitta

Vienne le désespoir au cœur et s'engagea dans son périple oriental, tandis que son empereur de frère se préparait à se rendre à Ischl afin d'y rencontrer sa cousine, la princesse Hélène de Bavière, que Sophie souhaitait lui voir épouser.

Maxl fit consciencieusement son métier d'ambassadeur et se montra un touriste plein de bonne volonté. Il alla même jusqu'à visiter le marché aux esclaves de Smyrne où il put admirer de fort belles créatures très dévêtues, incident de voyage dont il fit ingénument la relation écrite à l'usage de sa famille, et dont l'archiduchesse conçut une migraine. Vraiment, ce garçon donnait dans le dévergondage, et le mieux serait encore de lui trouver une épouse. Tandis que Maximilien prenait le chemin du retour, vers le milieu de l'été 1854, Sophie se mit en campagne pour trouver une seconde belle-fille, à son goût celle-là...

Car, entre-temps, François-Joseph s'était marié, et pas du tout suivant le choix de sa mère.

De retour à Vienne, Maxl trouva que la vie de famille manquait de plus en plus de charme. L'empereur croulait sous le travail et les soucis de l'Empire, l'archiduchesse Sophie passait son temps à tenter d'éduquer Sissi selon ses idées et martyrisait la jeune femme, les autres frères se faisaient tout petits. De plus, l'ambassadeur von Linden avait quitté Vienne pour Berlin avec toute sa famille. Plus rien n'avait d'intérêt.

Pour comble de bonheur, l'archiduchesse Sophie annonça un matin à son fils, et cela de ce ton sans réplique qui lui était cher, qu'il était désormais fiancé à la princesse Catherine de Bragance et qu'il avait tout intérêt à essayer de s'habituer à cette idée.

Cette fois, Maxl s'insurgea.

– Je ne l'aime pas, je ne la connais même pas. Je n'en veux pas...

– Tu n'as pas à vouloir ou à ne pas vouloir. La demande est faite et nous n'allons pas risquer une guerre avec le Portugal pour des raisons aussi stupides que les tiennes.

Furieux, navré car il ne pouvait oublier son grand amour, Maxl s'en alla conter ses malheurs à Sissi. Une profonde amitié l'unissait à sa petite belle-sœur. Tous deux avaient la même passion du cheval et faisaient ensemble de longs temps de galop qui entretenaient la colère latente au cœur de Sophie : Sissi attendait un enfant et se conduisait comme une folle.

– Tant que tu n'es pas marié, lui dit Sissi en manière de consolation, il ne faut pas désespérer. On ne sait jamais ce qui peut se passer.

La jeune impératrice ne croyait pas si bien dire. Comme l'on menait grand train les préparatifs du mariage, une nouvelle inattendue arriva à la Hofburg : la princesse de Bragance était morte subitement et l'on dut remiser les vêtements de fête pour prendre ceux de deuil. Maxl, bien entendu, prit la mine que la circonstance imposait mais poussa intérieurement un profond soupir de soulagement. On allait le laisser tranquille. Et il reprit de plus belle ses chevauchées avec Sissi.

Trouvant alors qu'il commençait à sentir un peu trop l'écurie, l'archiduchesse convoqua Bombelles une fois de plus. Avait-il une idée ?

Des idées, quand il s'agissait de protocole, Bombelles en avait toujours. Pourquoi ne pas renvoyer Maxl par les chemins ? Mais, cette fois, il pourrait parcourir les cours d'Europe afin de se former un jugement sur les différentes formes de gouvernement... et de jeter un coup d'œil en passant sur les princesses à marier.

Une fois de plus, l'archiduchesse exulta, déclara que sans Bombelles elle ne savait vraiment pas comment elle se tirerait de ses soucis. Bombelles remercia, salua, puis rentra chez lui et se coucha. Il ne tarda pas à mourir, épuisé sans doute par tant d'idées brillantes. Et Maxl, une fois de plus, fit ses bagages.

Désireux d'éviter le danger le plus possible, ou tout au moins de le reculer, l'archiduc commença son voyage par l'Espagne. Là, pas de princesses à marier, rien à craindre. La reine Isabelle II attendait son premier enfant et l'accueillit cordialement. Il visita l'Escurial, Séville et Grenade, vit des courses de taureaux et se déclara enchanté. Puis il passa en France, où il arriva le 17 mai 1856.

Cette visite-là ne présentait pas plus de dangers que la première. Il y avait à peine trois ans que Napoléon III avait épousé la belle comtesse de Teba, Eugénie de Montijo, et le prince autrichien put se mêler sans contrainte à l'agréable vie parisienne sans craindre de voir l'ombre redoutable d'une princesse se profiler à l'horizon.

En Angleterre, pas davantage de pièges à redouter. La reine Victoria, mariée depuis seize ans au prince Albert de Saxe-Cobourg, avait bien des filles, mais l'aînée était déjà promise et les autres beaucoup trop jeunes. En outre, l'archiduc ne pouvait épouser qu'une princesse catholique. Maximilien alla aux courses, visita des écoles militaires, joua au cricket et au volant sur les pelouses de Windsor décrivant, ainsi qu'il en avait pris l'habitude depuis le début de ses voyages, toutes ses impressions dans les nombreuses lettres qu'il adressait à sa famille.

Mais il n'est si bonne compagnie qui ne se quitte et, délaissant l'Angleterre, l'archiduc traversa la mer et passa en Belgique...

Depuis la révolution de 1830, qui avait séparé les Pays-Bas catholiques des Pays-Bas protestants, créant la Belgique, distincte de la Hollande, le nouveau pays avait un roi à lui. Il s'agissait du roi Léopold Ier, de la maison de Saxe-Cobourg à laquelle appartenait aussi le prince Albert, mari de Victoria. C'était un homme austère, intègre et industrieux, qui menait son pays de main de maître. Veuf une première fois d'une princesse anglaise, il avait ensuite épousé la princesse Louise d'Orléans, fille aînée du roi Louis-Philippe et avait eu la douleur de la perdre en 1850. Mais il avait des enfants, et surtout une fille de seize ans, une brune et fort jolie princesse. Fort sentimentale aussi et que la visite de l'archiduc autrichien mit en émoi.

En mai 1856, Maximilien, ignorant que sa venue soulevait une tempête au fond d'un cœur de jeune fille, faisait son entrée à Bruxelles et intéressait si fort Charlotte qu'elle ne cessa plus guère d'en parler.

– Comme il est grand !.. et comme il est beau !.. Ces yeux bleus, si doux, cet air romantique... et quelle barbe ravissante !

Ce jour-là, Mademoiselle de Steenhault, sa suivante, leva les yeux de sa broderie et sourit gentiment à la jeune fille :

– Extraordinaire surtout, cette barbe. J'avoue que je n'en avais encore jamais vu de pareillement taillée. L'archiduc a une mode bien à lui.

De fait, Maximilien avait longuement cherché avant de se décider pour la coupe de barbe qui était la sienne. Pour être sûr de ne pas tomber dans le commun, il avait imaginé de tracer une raie sur son menton et de partager la barbe en deux touffes égales qui se retroussaient coquettement vers les joues. Et comme cette barbe était d'un joli blond doré, l'ensemble formait un chef-d'œuvre auquel n'avait pas résisté le cœur sensible de la petite princesse belge, surtout quand on considérait le magnifique uniforme de la marine impériale qui servait de cadre au personnage.

– Votre Altesse n'ignore pas le but réel du voyage du prince. L'archiduchesse sa mère souhaite vivement lui voir prendre femme au plus vite. Il fait le tour des princesses d'Europe... et jusqu'ici n'a rien trouvé.

Charlotte devint toute rose de confusion, ce qui la rendit encore plus jolie. C'était réellement une charmante jeune fille. Elle était brune avec d'étranges yeux noir et vert, pointillés d'or, un teint de camélia, des traits fins et doux et la taille la plus fine qui se pût voir. Sans regarder sa compagne, elle se mit à tortiller les franges de sa ceinture.

– Pensez-vous... ma bonne, que j'aie quelque chance de lui plaire ?

Pour le coup Mademoiselle de Steenhault se mit à rire de bon cœur :

– Qu'il vous regarde une fois, une seule, et je réponds que son cœur ne pourra demeurer insensible, mon ange, dit-elle tendrement. Je suis sûre que vous êtes l'une des plus jolies princesses d'Europe.

Charlotte hocha la tête en soupirant :

– On dit l'impératrice Élisabeth si belle qu'aucune autre femme ne peut lui être comparée.

– Sans doute, mais l'impératrice est l'impératrice, et je ne crois pas qu'elle soit encore à marier. Et vous pouvez soutenir bien des comparaisons.

Un peu rassérénée, Charlotte s'en alla choisir sa robe pour le bal du soir. Son père s'était montré extrêmement généreux et lui avait offert plusieurs toilettes en vue de la visite de l'archiduc. Charlotte avait une grave question à débattre : la préférerait-il en vert pâle ou en blanc ?

Malheureusement pour elle, Maximilien ne la regarda pas. Il était de plus en plus pris par son nouveau métier de touriste impérial et quand il regardait une femme, c'était pour aussitôt la comparer mentalement à l'exquise comtesse von Linden... et la malheureuse s'effaçait aussitôt.

Il n'en était pas moins enchanté de son séjour et envoyait chez lui force lettres dans lesquelles il s'étendait longuement sur les aspects du pays et de la cour.

« La culture des fleurs dans ce pays est la plus belle que j'aie jamais vue. La cour est bien organisée. Dans toutes les villes, de superbes voitures m'attendaient. Par contre, l'ameublement des palais n'est pas beau. La banlieue de Laeken se glorifie de posséder une belle résidence, mais le palais royal de Bruxelles n'a même pas un escalier en pierre. Tout ici me semble construit en bois... »

Autre sujet de lettre : sa cousine, l'archiduchesse Henriette, qui était maintenant duchesse de Brabant et avait renoncé, comme elle le faisait jeune fille à Vienne, à dételer les poneys des laitiers pour les enfourcher. Elle se consolait en engloutissant d'énormes quantités de nourriture qui lui faisaient une silhouette aussi large que haute.

Si Maximilien avait pensé divertir les siens avec ces menus potins et ses descriptions, il se trompait. L'archiduchesse Sophie jugea qu'il se moquait d'elle, trempa sa plume dans son encre la plus acide et troussa pour son fils une de ces lettres dont elle avait le secret.

« Après tout, écrivait l'archiduchesse, Henriette est casée et n'offre plus d'intérêt. Mais lui, Maximilien, s'était-il donné la peine de regarder la fille de Léopold ? Ou bien avait-il l'intention de devenir un mémorialiste de profession ? »

Ainsi malmené, l'archiduc ouvrit les yeux et regarda Charlotte. Il vit qu'elle était, en effet, charmante et aussi qu'elle le contemplait avec des yeux extasiés. L'amour se lisait ouvertement sur ce visage ingénu et tendre et, un court instant, le jeune homme se sentit ému. Mais la crainte de s'engager fut la plus forte. Il ne pouvait se résoudre à se lier, à tout jamais, à une autre qu'à Paula von Linden. Elle seule méritait le don de toute sa vie.

Et dès le lendemain, Maximilien fit part au roi Léopold de son intention de poursuivre son voyage.

– Je dois encore visiter nos cousins de Hollande et du Hanovre, dit-il, assez gêné sous le regard sévère du roi. Ils m'attendent et je ne peux les décevoir.

Léopold Ier hocha la tête et s'obligea à garder le maintien impassible qui lui était habituel. Mais intérieurement, il avait bonne envie de corriger cet étourdi qui lui avait fait faire de grosses dépenses et qui n'avait même pas paru s'apercevoir de la présence de Charlotte. Pourtant, à Vienne, l'archiduchesse Sophie lui avait laissé entendre qu'elle avait sur la jeune fille des vues assez précises. Et ce benêt s'en allait...

Tremblant de rage contenue, le roi répondit :

– Soit. Voyez la Hollande et le Hanovre ! Un sage Habsbourg doit tout voir...

Cela laissait encore une porte de sortie, une perche tendue au jeune archiduc. Il pouvait encore dire que, sitôt ces visites protocolaires terminées, il reviendrait. Mais non... Maximilien ne dit rien. Il prit gravement congé du père et de la fille, ainsi que de toute la famille, puis monta en voiture et s'éloigna sans se retourner.

C'en était trop pour Charlotte. Avec un gémissement de désespoir, la jeune fille s'abattit dans les bras de son père et se mit à sangloter éperdument.

– C'est fini, mon père, c'est fini... Il s'en va. Je ne lui ai pas plu... Et moi, je l'aime, oh, vous ne savez pas comme je l'aime !

Doucement, le roi caressa les doux cheveux, jetant par-dessus la tête brune un regard de rancune vers la calèche qui franchissait là-bas les grilles de Laeken.

– Il faut être raisonnable, Charlotte. Moi aussi, j'avais espéré... Mais tous ces Habsbourg sont instables, changeants. On ne peut savoir ce qu'ils pensent vraiment.

– Oh, moi je le sais, fit la jeune fille en pleurant de plus belle... Il ne m'aime pas. Et c'est cela qui est terrible.

Le roi n'ajouta rien. Il n'avait d'ailleurs rien à dire. Quels mots pouvaient être susceptibles de calmer un tel chagrin ?

Pendant ce temps, Maximilien poursuivait sa route vers le nord avec la sensation d'avoir échappé à un grand danger. Cette petite Charlotte avait réellement un charme profond et promettait d'être une fort jolie femme. Et que ce regard plein d'amour avait donc de grâce !... Mais épouser, quand on aime ailleurs, une femme aussi follement éprise, est-ce que ce ne serait pas se mettre au cou la pire des chaînes ? Non, il avait agi sagement. Mieux valait partir, sans laisser d'espoir.

En Hollande, Maximilien fit un séjour de tout repos. Pas la moindre princesse à marier. Pas même d'enfants. Une bien agréable détente, qu'il fallut cependant interrompre pour gagner le Hanovre. Là, les princesses ne manquaient pas, et notre voyageur se promit de bien mesurer ses paroles, ses sourires, et même ses regards, afin de ne pas faire naître de fâcheux espoirs dans d'autres cœurs féminins. Décidément, il se sentait de moins en moins fait pour le mariage.

À Berlin cependant, il allait se passer quelque chose...

Au palais royal, le bal battait son plein. Sur le parquet luisant de l'immense salle, les couples tournoyaient au rythme de la valse, entraînant dans leurs tourbillons les uniformes chamarrés des hommes et les immenses crinolines, couvertes de dentelles, des femmes.

Debout sous le dais, auprès de son hôte, Maximilien regardait d'un œil distrait et ne parvenait pas à décider avec quelle princesse il allait se lancer dans la foule.

Auprès de lui, sous le dais, le roi Frédéric-Guillaume IV sommeillait. La dégénérescence mentale qui allait bientôt l'écarter complètement du gouvernement commençait à être fort visible. Pour le moment, le monarque dormait avec application, totalement sourd aux flonflons de l'orchestre.

Soudain, Maximilien tressaillit. Dans la foule il venait d'entrevoir, émergeant d'une robe de dentelles noires, de blanches épaules, un ravissant visage et des cheveux dorés sous un diadème de diamants. Son cœur se mit à battre plus vite. Cette femme... mais c'était celle qu'il regrettait tant, c'était Paula, Paula son unique amour.

Il descendit les marches en courant, s'arrêta à la lisière de la piste de danse. L'exquise apparition s'était évanouie dans le flot des danseurs, emportée aux bras d'un homme grand et mince, vêtu d'un frac constellé d'ordres et de rubans.

Un bref instant, il la revit, posa une main nerveuse sur le bras de son voisin, un diplomate, dont il ne regarda même pas le visage :

– Cette jeune femme, en robe noire, n'est-ce pas la comtesse Linden ? Tenez, voyez, là... près des glaces, avec ce diadème de diamants.

L'interpellé parut un peu surpris. La pâleur du prince était extrême :

– La comtesse Linden ? Je ne crois pas, Altesse... La dame dont vous parlez est la baronne von Bulow. Elle est d'ailleurs avec son mari.

– La baronne von Bulow ? Vous êtes certain ?

– Tout à fait, Altesse. Ils sont mariés depuis peu. Mais j'y pense... je crois bien me souvenir en effet que le nom de jeune fille de la baronne était von Linden. Son père était un collègue du mien et nous servions ensemble...

Il pouvait continuer ainsi durant des heures, Maximilien ne l'écoutait plus. Les yeux agrandis, tout près des larmes, il regardait la gracieuse silhouette de la jeune femme que, maintenant, il voyait parfaitement. Soudain, par-dessus l'épaule du mari, il rencontra son regard, vit ce regard s'agrandir tandis que la bouche fraîche se contractait. Paula fit un geste, comme pour tendre une main vers lui mais elle se reprit, baissa les yeux qu'une lourde tristesse envahissait. Le mouvement de la valse l'engloutit à nouveau dans la masse des danseurs.

Alors, lentement, Maximilien revint vers le trône, remonta les marches. Le roi dormait toujours, mais le maître des cérémonies se pencha respectueusement vers le prince :

– Avec laquelle des jeunes princesses votre Altesse impériale souhaite-t-elle danser ?

Maximilien hocha la tête.

– Ce jour, dit-il, est l'anniversaire d'une perte particulièrement douloureuse, je ne saurais danser. Excusez-moi !...

Il s'éloigna peu après, laissant le malheureux maître des cérémonies se creuser désespérément la tête pour découvrir ce que pouvait être cet anniversaire si pénible pour les Habsbourg.

Le lendemain même, Maxl quittait Berlin et, désormais incapable de poursuivre ce voyage dont il était las, il reprit aussitôt le chemin de Vienne. Il y arriva un soir, sous une pluie battante, et quand la voiture qui le ramenait au vieux palais impérial passa devant certaine fleuriste du Ring, l'archiduc tourna la tête et ferma les yeux. Une larme se perdit dans la soyeuse barbe blonde qu'avait si fort admirée Charlotte. Une larme que l'obscurité cacha pudiquement.

Ce retour ne fut pas, tant s'en faut, salué par des cris d'allégresse de la part de sa mère :

– Je ne sais plus que faire de lui, dit-elle un soir alors que la famille était réunie. Il est revenu de ce voyage plus triste et plus sombre que je ne l'ai jamais vu. Il demeure des journées entières enfermé dans son appartement, sans en sortir, sans voir personne.

L'empereur ne répondit pas. Debout auprès d'une fenêtre, dans la petite tenue d'officier général qu'il affectionnait, il tambourinait contre une vitre en regardant, au-dehors, la pluie noyer la cour. Ce fut l'impératrice qui répondit à sa belle-mère :

– Il a revu la comtesse von Linden à Berlin, dit-elle doucement. Cela lui a fait beaucoup de mal.

L'archiduchesse s'assit d'un coup et fixa sa belle-fille d'un air horrifié :

– Grand Dieu, Sissi, que dis-tu là ? Il l'a revue... mais c'est abominable.

Sissi haussa les épaules.

– Oh ! non... même pas. Elle est mariée et vous n'avez plus rien à craindre. Mais Maxl a très mal. Je crois qu'il faut le laisser tranquille pour le moment. Sa peine s'endormira d'elle-même.

François-Joseph se détourna, vint lentement se placer entre sa mère et sa femme :

– Sissi a raison, mère. Laissons-le se remettre et voyons comment les choses tourneront.

– Le laisser tranquille, le laisser tranquille... comme tu y vas. Le temps passe, Franz... et ton frère ne rajeunit pas.

– Vingt-quatre ans, mère, ce n'est pas un bien grand âge. Laissons-lui six mois ou un an de réflexion.

– C'est bon, soupira Sophie, comme tu voudras. Après tout, je suis lasse de me donner tant de mal pour lui. Laissons-le donc à ses rêves. Mais les miens sont en fort mauvais état.

Enfermé chez lui, Maximilien ruminait sa peine et sa déconvenue. Il lui avait toujours semblé que celle qu'il aimait tant devait, réfugiée en quelque endroit mystérieux d'Europe, couler ses jours à l'attendre comme il le faisait lui-même. Les liens tissés entre eux ne devraient-ils pas être plus forts que tout ? Et voilà qu'il la découvrait infidèle, mariée à un autre, perdue à tout jamais pour lui...

Peu à peu, l'image blonde s'estompa. Une autre prit sa place : celle d'une jeune fille brune en robe de dentelles blanches, une jeune fille aux yeux étranges, d'un vert extraordinaire, moirés de noir et d'or... et dans ces yeux, il y avait des larmes. Celle-là l'aimait. Celle-là, malgré son chagrin, avait su garder sa dignité de princesse. Celle-là méritait le bonheur...

On ne peut tourner toute sa vie en rond autour d'un appartement, fût-il princier. Quand vint Noël, Maximilien s'en alla trouver sa mère et lui demanda la permission d'épouser la princesse Charlotte de Belgique.

Sophie faillit s'évanouir de joie et de saisissement. Mais c'était une femme de tête qui ne la perdait pas facilement. Elle savait, d'autre part, qu'il faut battre le fer quand il est chaud.

Le lendemain de cette annonce tant désirée, un messager extraordinaire quittait Vienne pour Bruxelles. Le comte Arquinto portait une lettre impériale qui demandait la main de la princesse Charlotte pour l'archiduc Maximilien.

27 juillet 1857

Dans sa chambre du palais royal, Charlotte se contemplait dans son miroir. En cette mariée resplendissante sous les diamants de sa couronne et sous le voile de précieuses dentelles qui avait été celui de sa mère, la blonde Louise d'Orléans, la jeune fille ne retrouvait plus l'enfant désolée du printemps de l'an passé. Cette fois, elle était heureuse, elle voyait un avenir merveilleux, fait d'amour et de joie, s'ouvrir devant elle.

Au-dehors, dans le chaud soleil d'été, les cloches sonnaient à toute volée. Le grand carrosse doré attendait la future épousée pour la conduire sous les voûtes solennelles de Sainte-Gudule, pour la mener vers celui qui l'y attendait et dont l'amour chaque jour se montrait davantage. Au-dehors, tout un peuple en fête clamait déjà sa joie et son impatience...

– Je serai heureuse, se promit Charlotte à mi-voix. Je serai heureuse et il le sera aussi. Parce que je le veux.

En cadeau de noces, François-Joseph avait confié à son frère la vice-royauté de Vénétie et de Lombardie. À peine la cérémonie terminée, le jeune couple prit le chemin classique des voyages de noces : l'Italie. Ce fut dans le plus beau palais de Milan que le jeune couple s'installa pour une longue, une merveilleuse lune de miel, qui vit éclore chez Maximilien un profond amour pour sa jeune femme. Un amour tel qu'il força même la sympathie des Italiens, hostiles à l'occupant étranger. Charlotte italianisa son prénom, devint Carlotta et apprit des romances italiennes. Elle apprit aussi la joie d'être presque reine et de faire les honneurs d'un grand palais. Elle avait des dames d'honneur, toute une cour, elle avait Maxl... Rien ne manquait à son bonheur, sinon peut-être un petit enfant, qui se faisait désirer.

Le temps passa sur ce couple heureux que l'Histoire eût dû oublier. Mais l'Histoire oublie rarement ceux que le destin a marqués. Bientôt, l'horizon s'obscurcit ; aidés par Napoléon III, les Italiens secouaient le joug autrichien. Au lendemain de Solferino, Charlotte et Maximilien durent s'enfuir et aller se réfugier au château de Miramar, somptueuse demeure que Maximilien avait fait bâtir près de Trieste, alors en terre autrichienne, et qui dominait les flots bleus de l'Adriatique.

Dès lors, inactifs, réduits aux seules occupations d'un seigneur sur sa terre et d'une femme d'intérieur, Maximilien et Charlotte ne tardèrent pas à connaître l'ennui. N'étaient-ils donc faits que pour couler ainsi une vie sans gloire, sans relief, terne et plate, à l'écart des remous du monde et du fracas des grandes affaires ? Ils avaient goûté au pouvoir, étaient nés tous deux aux marches d'un trône... Ils ne pouvaient plus se satisfaire de ce qui eût été pour beaucoup le comble du bonheur : vivre à deux au soleil d'Italie dans un décor de rêve. Le temps passa encore, mais de plus en plus lourd. Maximilien jouait de l'orgue et cultivait les fleurs, Charlotte brodait et jouait de la harpe. Aucun enfant ne s'annonçait...

Les deux époux, isolés dans leur prison dorée, se demandaient ce qu'il allait advenir d'eux quand, un matin de printemps 1862, un homme élégant et prolixe se présenta à Miramar. Il venait de la part de l'empereur Napoléon III, se nommait Guttierez Estrada. C'était un Mexicain, et il avait d'étonnantes, de passionnantes choses à dire.

– Ah ! prince, ne daignerez-vous pas devenir le sauveur du Mexique ? Apportez-lui le secours de votre grande patrie dont mon pauvre pays ruiné faisait autrefois partie comme l'un des plus beaux joyaux de la couronne de Charles Quint.

Guttierez Estrada parlait bien. Le petit Mexicain laissait déborder cette flamme latine, cet enthousiasme réchauffé au soleil tropical et, assis dans leurs fauteuils, dans un salon de Miramar dont les fenêtres ouvraient sur les magnifiques jardins et sur l'étendue bleue de l'Adriatique, l'archiduc Maximilien et l'archiduchesse Charlotte l'écoutaient, stupéfaits et déjà ravis. Ce fut Charlotte qui traduisit leur sentiment à tous deux :

– Régner sur le Mexique ? Vous nous offrez de porter couronne dans votre pays ? Quelle chose incroyable.

– Je vous offre, reprit Estrada, de relever le puissant empire aztèque d'autrefois, de monter au trône de Montezuma. Le Mexique a besoin d'ordre. Seul un empereur de grande race, aux origines incontestables tranchant sur tant d'agitateurs brouillons sortis de rien, dépositaire de la religion du Christ que chassent les révolutionnaires anarchistes, peut réaliser ce miracle. Le Mexique, Madame, est le plus beau pays du monde.

Le Mexicain était lancé et Charlotte, captivée, l'écoutait, voyant déjà s'étendre devant elle un merveilleux panorama aux vives couleurs. En outre, son orgueil, fait de l'ambition des Cobourg et de la fierté des Bourbons, lui montrait dans une gloire dorée ce signe fascinant de la toute-puissance : une couronne d'impératrice.

En Maximilien aussi, avide de mener enfin une vie digne de lui, et de ses aspirations, l'espérance et la joie palpitaient mais, plus calme, il n'en montrait rien.

– La proposition, fit-il gravement, ne manque pas d'un certain attrait, mais il me faut des garanties, et aussi une pièce exprimant les desiderata d'une majorité représentative de la nation mexicaine, car jamais un Habsbourg n'a usurpé un trône.

Guttierez Estrada ne cacha pas sa satisfaction. Il nota bien vite les paroles de l'archiduc dans son petit carnet, puis déclara :

– Ces conditions ne soulèveront aucune difficulté, Monseigneur, et je pense revenir bientôt vous apporter ce que vous demandez si légitimement.

Comment en était-on arrivé là ? Par quel chemin un Mexicain était-il venu trouver à Trieste un archiduc autrichien pour lui offrir la couronne de son pays ? C'était en fait une histoire compliquée et un peu folle.

Libéré depuis cinquante ans de la tutelle espagnole, le Mexique éprouvait les plus grandes difficultés à se gouverner : deux partis, représentés par deux hommes, se disputaient le pouvoir : le parti conservateur, qui avait son siège à Mexico et dont la tête était Miramon, et le parti libéral de Veracruz, que menait l'Indien Benito Juarez. On s'entretuait quasi quotidiennement et les pronunciamentos succédaient aux pronunciamentos (deux cent quarante en trente-cinq ans). Mais s'il était libéré de l'Espagne, le Mexique devait à l'Europe des sommes énormes que son anarchie ne lui permettait guère de payer et, parmi ses créanciers, le banquier suisse Jecker se montrait le plus intraitable.

Pour tenter de sauver d'insauvables créances, la France, l'Espagne et l'Angleterre étaient intervenues militairement. Mais Napoléon III, et surtout l'impératrice Eugénie, entrevoyant au Mexique un moyen de battre en brèche l'influence américaine et, peut-être, d'assurer à la France une intéressante zone d'influence, poussés d'ailleurs par les nombreux réfugiés mexicains qu'avait chassés Juarez, envoyèrent un corps expéditionnaire de 20 000 hommes, tandis que l'Espagne et l'Angleterre se retiraient. Les Français prirent Mexico, en accord d'ailleurs avec le président Miramon, et proclamèrent l'Empire, aux acclamations du parti conservateur et au grand soulagement des prêtres dont Juarez avait fermé les couvents et saisi les biens. L'archevêque de Mexico n'était-il pas venu à Saint-Cloud implorer l'empereur des Français de rendre le Christ au Mexique ? Prière que l'Espagnole et pieuse Eugénie n'avait pu entendre sans y mêler la sienne.

L'Empire proclamé, restait à trouver un empereur. C'est alors que l'on avait songé à Maximilien, qui n'avait rien à faire et que Napoléon III connaissait et appréciait. Ce couple impérial, beau et séduisant, soulèverait l'enthousiasme.

Au cours de longs mois, tandis que Charlotte trépignait d'impatience, des courriers s'établirent entre Miramar et Paris. Avec aussi Vienne et Bruxelles. Finalement, Maximilien s'engagea à payer les dettes du Mexique en quelques années, tandis que Napoléon III s'engageait à établir l'empereur sur son trône grâce aux 20 000 hommes qu'il avait là-bas, et à laisser la Légion étrangère six années durant pour affermir le trône. De son côté, François-Joseph leva par volontariat un régiment hongrois, et à Bruxelles, Léopold Ier en faisait autant. Napoléon III, en outre, fournirait encore de l'argent.

Enfin, les tractations prirent fin et le 10 avril 1864, dans la grande salle du trône de Miramar, Maximilien et Charlotte furent proclamés empereur et impératrice du Mexique. L'émotion fut si forte pour le nouvel empereur que le soir même, pris de fièvre, il dut se coucher.

Visites d'adieu

Le samedi 5 mars 1864, la foule se massait aux environs de la gare du Nord autour d'une file de voitures qu'environnait un escadron de dragons de l'impératrice et que surveillait un épais bataillon de policiers, en civil aussi bien qu'en uniforme. Il était un peu moins de seize heures et l'on attendait le train de Bruxelles, qui amenait pour une visite protocolaire le futur couple impérial mexicain : l'archiduc Maximilien et l'archiduchesse Charlotte.

Les travaux de construction de la gare n'étaient pas encore tout à fait terminés mais, sur le quai recouvert d'un long tapis rouge, un officier en grand uniforme, une dame en crinoline attendaient le train princier. L'officier était l'amiral Jurien de la Gravière, aide de camp de l'empereur Napoléon III, et la dame, la comtesse de la Poeze, dame du Palais. Tous deux constituaient le comité de réception chargé d'accueillir les hôtes illustres et de les conduire aux Tuileries. Le choix de ces deux personnes n'était pas dû au hasard. L'amiral de la Gravière avait commandé trois ans plus tôt les forces françaises envoyées au Mexique. Quant à Madame de la Poeze, fille du marquis de la Rochelambert, elle appartenait à l'une des vieilles familles de l'Ancien Régime et ne pouvait qu'être agréable à une archiduchesse d'Autriche, fille du roi des Belges Léopold Ier, et petite-fille de Louis-Philippe Ier, roi des Français. C'était une jeune femme très mince, très petite, et d'allure si aérienne que les bonnes langues de la cour impériale l'avaient surnommée « le Rideau flottant ».

À l'heure dite, avec une belle exactitude, le train entrait en gare et peu après les nobles voyageurs posaient le pied sur le sol parisien. Partis à dix heures du matin, ils n'avaient guère mis que six heures pour couvrir la distance entre Bruxelles et Paris, ce qui était pour l'époque une assez jolie performance.

Les futurs souverains du Mexique formaient incontestablement un beau couple. Ils étaient jeunes, ils étaient sympathiques, et le peuple de Paris ne leur ménagea pas les acclamations. On criait : « Vive Madame l'archiduchesse » ou : « Vive le Mexique » avec beaucoup de chaleur. Le couronnement n'étant pas encore intervenu, les jeunes gens n'avaient pas droit au titre impérial.

La suite des princes n'était pas nombreuse. Elle se composait du comte et de la comtesse Zichy, née

Metternich, de la comtesse Paula Kollonitz, du baron de Pont, du marquis Corio, du comte de Lutzow et du chevalier Schertzenlechner. Tout le monde s'engouffra dans les calèches et l'on prit le chemin des Tuileries, où l'empereur et l'impératrice attendaient leurs invités sur l'escalier d'honneur. L'accueil fut chaleureux. L'impératrice Eugénie offrit aussitôt à Maximilien une médaille d'or de la Madone en formant le vœu qu'elle lui portât bonheur. À Charlotte, elle réservait une mantille de dentelle espagnole et un éventail en bois de santal filigrané d'or qu'elle s'était fait envoyer tout exprès pour la circonstance par sa sœur Paca, la gracieuse duchesse d'Albe. Le temps était à l'euphorie. L'empereur et l'impératrice voyaient en ce jeune couple les sauveurs du malheureux Mexique déchiré par l'anarchie, et aussi les payeurs à venir de créances en suspens depuis longtemps.

Les organisateurs de la visite officielle des archiducs avaient eu un moment d'émotion. À Bruxelles, Maximilien s'était senti souffrant et, tout de suite, le bruit courut que, non seulement il ne viendrait pas en France, mais encore qu'il renoncerait à la couronne du Mexique. Il n'en était rien. Au jour dit, à l'heure dite, il s'était embarqué à Calais pour l'Angleterre où il allait assister au baptême du fils du prince de Galles et séjourner pendant un mois. Le comte de Flahaut devait représenter la France au royal baptême.

On logea les chers hôtes au pavillon de Marsan et Madame de la Poeze fut détachée au service de l'archiduchesse, comme l'amiral Jurien de la Gravière et Monsieur de Grammont, écuyer de l'Empereur, étaient détachés à celui de Maximilien. En leur offrant leurs plus fidèles serviteurs, Napoléon III et

Eugénie voulaient leur marquer le cas qu'ils faisaient d'eux. Le soir, un dîner intime eut lieu, après quoi on alla au théâtre en petit comité. Ce soir-là, au Gymnase, c'était la première de la nouvelle pièce de Monsieur Alexandre Dumas fils, *l'Ami des Femmes*. Une première exceptionnellement brillante en si auguste présence.

Le lendemain, qui était dimanche, le couple impérial emmena ses invités faire une promenade au Bois de Boulogne, à quatre dans la même calèche. Le temps était beau, la foule élégante. On rentra au palais seulement à l'heure où se terminaient les courses de la Marche, pour éviter la grosse cohue. Le soir, d'ailleurs, il y avait au palais dîner diplomatique. Mais seuls étaient conviés les membres des ambassades d'Autriche et de Belgique. Ce dîner eut un peu l'allure d'un dîner de famille : l'ambassadeur d'Autriche en France était alors le prince Richard de Metternich, frère de la comtesse Zichy qui accompagnait l'archiduchesse Charlotte. Ensuite, une troupe théâtrale vint donner la comédie aux Tuileries. Mademoiselle Plessy, Messieurs Delaunay et Bressant eurent l'honneur de jouer *Le Bougeoir* devant la cour.

Le lundi matin, Maximilien, en grand uniforme d'amiral, alla rituellement s'incliner sur le tombeau de Napoléon Ier sous le dôme des Invalides. Cela faisait partie de toute visite officielle, l'empereur jouant alors le rôle qui lui fut ravi depuis par le Soldat inconnu de l'Arc de triomphe. La reine Victoria, toute anglaise qu'elle était, n'y avait pas manqué lorsqu'en 1851 elle s'était rendue à Paris avec le prince Albert. Pendant ce temps, Charlotte parlait chiffons avec Eugénie, qui lui avait présenté son couturier Worth, son coiffeur Leroy et les meilleurs faiseurs de Paris. L'actuelle et la future impératrice ne manquaient pas de goûts communs. Elles visitèrent aussi quelques institutions charitables et un nombre impressionnant d'églises.

Le soir, dîner avec tous les ministres puis grand concert dans la salle des Maréchaux. L'admirable Adelina Patti, la grande cantatrice du Théâtre italien, s'y fit entendre dans divers airs d'opéra avant d'être présentée à Leurs Majestés par la princesse d'Essling, grande maîtresse de la maison de l'impératrice. Mais d'autres artistes de valeur participèrent à ce concert : Madame Meric-Lablache, Messieurs Mario, delle Sedie et Scalese du Théâtre italien (Mario se fit particulièrement applaudir dans un air de *Martha*). Il y eut aussi Monsieur de la Roncherie, violoniste et le célèbre pianiste Joseph Wienawski dans deux de ses œuvres, *la Romance variée* et *la walse*... Une soirée fort bien réussie dont chacun exprima sa satisfaction. On vit l'empereur et l'impératrice s'entretenir longuement avec MM. Mario et Wienawski.

Lorsqu'un souverain étranger rend visite à Paris, il est d'usage, de nos jours, qu'il reçoive, à son ambassade, le président de la République. Cet usage existait déjà sous le Second Empire, et le mardi, ce fut l'ambassade d'Autriche qui reçut à un grand dîner les souverains français et leurs hôtes.

On se prend à regretter la discrétion avec laquelle les journaux de l'époque relataient les grandes manifestations officielles et mondaines. On aimerait mieux connaître les détails de ces fastueuses réceptions des Tuileries et de celles, non moins fameuses, que donnait, dans l'admirable hôtel de Conti-Charolais, 101 rue de Grenelle, l'élégante et remuante princesse Pauline de Metternich. Jamais, sans doute, Paris ne vit ni ne reverra une ambassadrice comme celle-là. Elle semblait avoir pris à tâche de collectionner les superlatifs. Pauline de Metternich était la plus élégante, la plus spirituelle, la plus somptueuse, la plus turbulente... et la plus laide de toutes les femmes de chefs de missions diplomatiques. Encore, sa laideur n'était-elle que toute relative dans une cour où les beautés abondaient autour d'une impératrice qui était elle-même l'une des plus jolies femmes d'Europe. Suivant sa propre expression, elle n'était pas jolie, mais elle était pire, un mot qu'elle avait emprunté à feu la duchesse d'Abrantès. Très mince, grande et très brune, elle avait un curieux visage de pékinois, à la bouche trop grande mais aux yeux noirs pétillant de vie, et elle s'habillait comme personne. C'est elle qui découvrit et lança le couturier Worth, et ses toilettes, comme ses bijoux, étaient célèbres.

Le détail de la fête qu'elle offrit au frère et à la belle-sœur de son souverain manque mais on peut faire confiance à la princesse pour l'imaginer fastueuse.

Le mercredi 9 vit l'archiduchesse Charlotte à Versailles pour la visite du musée, Madame de la Poeze et la comtesse Kollonitz l'accompagnaient. Elle y fut reçue par le surintendant des Beaux-Arts qui, par une délicate attention, avait fait fermer devant l'auguste visiteuse les salles renfermant les toiles peintes à la gloire de la récente campagne d'Italie. Il eût été de mauvais goût d'étaler Magenta et Solférino sous les yeux d'une femme que ces deux victoires avaient chassée de son palais. Le soir, l'Opéra était au programme. On y donnait la *Maschera* ou les *Nuits de Venise,* avec Mlle Boschetti dans le rôle de Luscilla. Puis la première représentation d'un opéra nouveau, *Docteur Magnus*, de MM. Cormon et

Carré, musique d'Ernest Boulanger. On ne sait si les princes furent contents de leur soirée car le « Petit Journal » du lendemain écrivait : « Monsieur Cazeaux était tellement enroué qu'il nous a été impossible de saisir un mot de son rôle, mais la pièce avait eu un grand succès à la répétition générale. »

Le temps et les événements semblaient d'ailleurs se liguer pour contrarier cette visite qui préludait à un drame. Un vent violent soufflait en tempête sur Paris, couchant plusieurs arbres dont un peuplier dans le jardin des Tuileries.

Ce vent continua le lendemain, obligeant les dames à se calfeutrer à l'intérieur du palais. Des piétons étaient renversés et les voitures mêmes n'étaient pas stables. Celles qui amenèrent le jeudi soir, une longue file d'invités pour le très grand dîner diplomatique aux Tuileries eurent toutes les peines du monde à se ranger le long de la rue de Rivoli. Mais cela n'empêcha tout de même pas, le vendredi matin, l'empereur et l'archiduc d'aller chasser à Versailles. Le soleil, d'ailleurs, se levait, mais au retour, une fâcheuse nouvelle attendait les chasseurs. Le roi de Bavière, Maximilien II, était mort le matin même d'une crise d'érésypèle, à l'âge de cinquante-deux ans. C'était le deuil de cour d'autant plus obligatoire que l'archiduchesse Sophie, mère de Maximilien, ainsi que l'impératrice Élisabeth étaient toutes deux des Wittelsbach. On annula la soirée théâtrale prévue pour le soir-même et qui devait conduire les hôtes de la France à l'Odéon où le *Marquis de Villemer*, de George Sand, faisait fureur.

Ce vendredi soir, Charlotte et Maximilien se contentèrent de faire, vers dix heures, une apparition à l'ambassade d'Autriche où les chefs du mouvement monarchique mexicain, Gutteriez Estrada et Miramon, avaient réuni quelques réfugiés de marque afin de les présenter à leurs futurs souverains. Le départ de Paris étant prévu pour le dimanche soir, Charlotte employa le deuil forcé à faire quelques courses urgentes. C'est ainsi que la Compagnie lyonnaise put s'enorgueillir d'une importante commande de soieries destinées à éblouir l'aristocratie d'outre-Atlantique et que, le soir, le boulevard des Italiens connut un extraordinaire attroupement. L'archiduchesse s'était rendue chez Desideri, le photographe de la cour, pour y faire tirer son portrait. C'était elle qui causait cet attroupement.

Soucieuse, néanmoins, de voir le plus de choses possibles, elle se rendit le dimanche après-midi à la manufacture des Gobelins en compagnie de Madame de la Poeze. Enfin, arriva le moment des adieux. Ils furent, à ce que l'on assure, chaleureux et très amicaux. L'archiduc et son épouse se déclarèrent émus de la réception qui leur avait été faite et très désireux de revoir bientôt d'aussi bons amis. Les deux femmes s'embrassèrent avec effusion et l'on se quitta. L'escorte attendait pour conduire les hôtes illustres au train de Calais. Il était sept heures du soir.

L'amiral de la Gravière et Monsieur de Grammont devaient accompagner le couple princier jusqu'à Calais d'où ils embarquaient pour l'Angleterre. Leurs chambres étaient retenues à l'hôtel Clarendon. Le séjour anglais devait être court. Il s'agissait d'un dernier adieu au roi Léopold de Belgique, en séjour à Londres, d'un adieu à la cousine Victoria, et d'une visite à Claremont, où la reine Marie-Amélie, veuve de Louis-Philippe, attendait ses petits-enfants.

Cette dernière visite fut triste. La vieille souveraine était assaillie de terribles pressentiments qu'elle n'eut pas la force de cacher à Maximilien : « Ils vous tueront », prophétisa-t-elle, mais les futurs souverains étaient trop épris de leur rêve impérial pour s'arrêter à ce qu'ils prirent sans doute pour un radotage de vieille femme. Et ils ne s'attardèrent pas dans un pays où leur étaient réservées de telles prédictions.

Deux jours à Bruxelles, cinq ou six à Vienne, que Charlotte n'aimait pas car elle n'y avait jamais occupé que le second rang et l'on regagna bien vite Miramar. Le 10 avril, dans la grande salle de bal qui n'avait jamais servi et où un trône avait été installé, Charlotte et Maximilien reçurent la couronne du Mexique. Désormais, ils étaient Leurs Majestés l'empereur Maximilien Ier et l'impératrice Charlotte. Désormais, le destin était en marche et plus rien ne pourrait l'arrêter.

Le 14 avril, la frégate « *Novara* », escortée de la frégate française « *Thémis* », emportait vers le Mexique ceux qui espéraient devenir les successeurs directs de Montezuma.

Le drame mexicain

Accoudée au bastingage, Charlotte regardait son palais de Miramar disparaître dans une brume dorée, avec ses fleurs, ses drapeaux, ses guirlandes accrochées un peu partout. Tout autour d'elle, sur la mer, défilaient les navires de la flotte autrichienne pavoisés jusqu'aux nids-de-pie, portant leurs équipages rangés impeccablement sur la plage arrière. Un peu plus loin, c'était la « Thémis », le croiseur français, qui rendait lui aussi les honneurs. À l'arrière de la

« *Novara* », flottait le nouveau pavillon impérial mexicain, frappé de l'aigle aztèque. Le rêve tant attendu commençait :

– Cette fois, nous sommes partis, chuchota Charlotte à Maximilien. Nous allons régner et je veux que l'Europe entière nous envie.

Maximilien sourit à sa jeune femme, heureux, grisé lui aussi par tant de soleil, tant de joie et tant de vivats.

– Comment pourrait-il en être autrement ? Nous allons vers un pays neuf, riche, que nous ferons puissant et moderne et qui nous attend déjà, des fleurs plein les bras.

Pauvre Maximilien... pauvre Charlotte... Leurs illusions n'allaient guère durer.

La traversée fut assez bonne. L'empereur l'avait employée à jeter les premières fondations d'un grand code du protocole et de l'étiquette, basé sur la terrible et quasi espagnole étiquette viennoise, qu'il voulait instaurer dans son empire. La « Novara » marchait bien et la « Thémis », qui la suivait comme un bon chien de garde, ne s'en écartait pas. Mais quand la côte basse et malsaine de Veracruz fut en vue, que la ville s'approcha peu à peu, les souverains et leur suite écarquillèrent les yeux. Non seulement la ville n'avait pas l'air pavoisée, ni même en fête, mais encore, il n'y avait pas âme qui vive sur le port, à part quelques flâneurs et quelques débardeurs qui y dormaient confortablement, sombrero sur le nez. On était le 28 mai et il faisait une lourde chaleur... Charlotte tourna vers ses deux dames d'honneur, Paula von Kollonitz et la comtesse hongroise Mélanie Zichy, son regard étincelant :

– Descendons à terre, nous verrons bien.

On descendit. Mais sur le quai de Veracruz, le groupe élégant et chamarré, les hommes en uniforme et les femmes en crinoline, ne souleva chez les indigènes qu'une vague curiosité qui mit Charlotte hors d'elle.

– Ces gens, fit-elle, n'ont pas l'air de se douter que nous sommes leurs souverains...

Le contre-amiral français Bosse, qui était descendu lui aussi de sa « *Thémis* », hocha la tête.

– Veracruz n'est pas sympathisante au nouveau régime, Madame. Jusqu'à ce qu'il soit refoulé vers le nord, elle était la ville de Juarez. Mais cela n'excuse nullement le général Almonte, le président de la régence, qui devrait être là...

Il fallait se rendre à l'évidence, le général n'était pas là. Rageuse, Charlotte décida de retourner à bord, pour y dîner, et de n'en plus bouger avant que l'on vienne l'y chercher. Tout le monde réembarqua.

Tard dans la soirée, le général Almonte fit son apparition. Il n'avait pas pris la peine de se renseigner exactement sur le jour d'arrivée des souverains et, craignant le pernicieux climat de Veracruz, avait préféré attendre un peu plus haut, dans la montagne, à Orizaba. Il eut tout juste le temps de saluer leurs Majestés avant d'échanger avec l'amiral Bosse, indigné d'un tel accueil, des propos aigres-doux. Ce fut l'empereur qui s'interposa.

– Allons, messieurs, ceci n'est qu'un malentendu. Dînons d'abord, et demain tout s'arrangera...

Comme pour lui donner raison, le fort de San Juan de Ulloa se décida enfin à tirer une double salve d'honneur. Mais l'humeur de Charlotte demeura sombre toute la soirée. Très impressionnable, la nouvelle impératrice avait vu dans cet accueil réfrigérant un très mauvais présage.

À vrai dire, le lendemain ne fut guère plus encourageant. Quand les souverains débarquèrent pour la seconde fois, il n'y avait que peu de monde dans les rues, si tout de même quelques drapeaux avaient été sortis et si un discours leur fut adressé. Par contre, une troupe de Zopilotes, ces hideux vautours des tropiques, semblait avoir pris possession de la ville quasi déserte. Ils perchaient un peu partout, tendant leurs cous pelés et croassant désagréablement. Les nerfs à fleur de peau, Charlotte se tourna vers l'amiral Bosse :

– Ne pourrait-on détruire ces répugnants oiseaux, Monsieur l'Amiral ? Quel affreux spectacle ils nous offrent là.

L'amiral leva les yeux au ciel puis se pencha vers la jeune femme frissonnante :

– Hélas, Madame, répondit-il, la loi les protège parce que l'incurie et l'indifférence des habitants en matière sanitaire les rendent indispensables.

Incapable d'en entendre davantage, l'impératrice alla s'engouffrer dans le petit train, construit depuis peu par les Français et qui devait les monter vers le haut plateau.

Le voyage jusqu'à Mexico fut harassant, par des routes à peine tracées où la berline impériale peinait et secouait impitoyablement ses occupants. Mais à partir de Puebla où le gouverneur et le général Brincourt attendaient leurs Majestés, l'accueil fut beaucoup plus chaleureux. Maximilien et Charlotte entendirent enfin ces vivats qu'ils avaient espérés depuis leur départ de Miramar. Aux portes de la capitale, une véritable délégation diplomatique les attendait. Ils trouvèrent là le général Bazaine, chef des troupes françaises, et le comte de Montholon, chargé d'affaires, ainsi que le ministre d'Autriche et tous les notables de la ville. Cette fois, ce fut sous les fleurs, au milieu d'un tonnerre d'acclamations et sous les joyeuses volées des carillons que les souverains radieux gagnèrent l'ancien palais.

Mais la fête qui dansait dans toutes les rues de la ville pavoisée ne leur assura pas pour autant une nuit confortable : le vieux palais était vraiment très vieux, et la vermine y pullulait au point que, las de lutter contre elle, Maximilien s'en alla finalement coucher sur le billard.

Une autre chose avait rendu inconfortable le sommeil de l'empereur. Dans le palais, sur le lit même qui l'attendait, il avait trouvé, apporté là par une main mystérieuse, le texte de la proclamation que Juarez le rebelle, retranché à Chihuahua, avait fait parvenir aux gens de Veracruz :

– « Je suis encore vivant, hommes de la côte, moi qui vous ai toujours menés à la guerre contre les tyrans... »

Quelle menace contenue dans ces quelques mots ! Pourtant, Maximilien ne s'en offusqua pas.

– J'estime un homme qui entend mener son combat jusqu'au bout, dit-il à sa femme. Est-ce que tu en as peur, toi ?

– Auprès de toi, je ne crains rien et je crois que nous n'avons rien à craindre. Notre premier devoir est d'essayer de ramener ce rebelle à nous. Je suis sûre que nous y parviendrons.

Confiante dans le charme de son mari, et aussi dans le sien propre, Charlotte ignorait encore que l'on ne ramène pas à soi un homme comme Juarez, parce que le vieux sang aztèque, opprimé mais non asservi en trois siècles par les Espagnols, coulait dans ses veines. Juarez ne vivait que pour la liberté et pour la vengeance.

Le palais national étant décidément inhabitable, le couple impérial se transporta dès le lendemain au château de Chapultepec, construit sur une colline un peu en dehors de la ville, et s'y installa avec sa suite. Puis, sans perdre un instant, on se mit à l'œuvre. L'empereur nomma des ministres, tandis que Charlotte, redevenue Carlotta, se choisissait une vingtaine de dames d'honneur parmi les femmes de la meilleure société. Et la fameuse étiquette entra en jeu.

Bâti sur un rocher de basalte et de porphyre, Chapultepec, avec sa forêt, son étang de cristal, son merveilleux panorama dominant Mexico et le plateau des volcans, était un endroit fort agréable. Ami des jardins, Maximilien les voulut enchanteurs, tandis que sa femme s'activait à instaurer aussitôt un mode d'existence destiné à charmer la bonne société. On donna des fêtes, des bals, des soupers et des concerts.

Et les choses commencèrent d'aller mal.

Plein de bonne volonté, Maximilien souhaitait sincèrement s'attacher à son peuple et s'efforçait de vivre à sa manière. Il était fasciné surtout par les Indiens, ces êtres doux, silencieux, dont il s'efforçait en vain de saisir l'âme. Et, pour les séduire, il instaura une nouvelle politique qui eut le don de lui aliéner aussitôt la plus grande partie de ses partisans.

En effet, au lieu de s'appuyer sur le parti conservateur qui l'avait choisi et sur l'Église qui l'avait béni, Maximilien se tourna vers les libéraux et refusa de rendre à l'Église et sa prépondérance passée et ses biens confisqués par les hommes de Juarez. C'était une lourde faute car, très pieux pour la plupart, les Mexicains ne comprirent rien à cette attitude.

Autre faute : Charlotte se fit un ennemi de Bazaine, devenu maréchal de France tout dernièrement et qui était le seul avec ses troupes, à représenter une barrière solide contre les soldats du rebelle.

Elle ne pouvait souffrir cet homme, de modeste naissance et dont l'orgueil lui était odieux. Entre eux, les querelles étaient fréquentes.

– Pourquoi ne pas le renvoyer en France et demander à Napoléon un autre général ? s'écria un jour Charlotte exaspérée. Je ne peux plus le souffrir...

Maximilien quitta son bureau et vint entourer de ses bras les épaules de sa femme. Elle était plus jolie que jamais ces derniers temps. Le climat lui convenait. Mais pourquoi était-elle toujours si nerveuse ? Sans doute, cette maternité qui ne venait pas et semblait lui être à jamais interdite agissait-elle sur les nerfs fragiles de Carlotta.

– Je ne peux faire cela, mon cœur. Bazaine, même s'il est déplaisant, n'en est pas moins fort populaire, surtout depuis son mariage avec une fille du pays. De plus, ses soldats l'adorent et nous ne pouvons nous permettre de nous passer du corps expéditionnaire.

– Pourquoi ne pas faire ce qu'il te conseille, et former une armée locale ?

– Je le voudrais bien, mais je ne le peux pas. Les hommes d'ici montrent une certaine répugnance, dont je ne doute pas de venir à bout avec le temps. Mais pour le moment, il faut garder Bazaine, sinon il pourrait nous arriver malheur.

Passionnément, Charlotte se pendit au cou de son mari.

– Tant que nous serons unis, Maxl, rien ne pourra nous arriver. Notre amour nous protégera contre le mauvais sort, j'en suis certaine.

Cette belle confiance fit sourire l'empereur, mais sa tranquillité d'esprit était trop entamée pour jamais être rétablie. Il y avait l'argent qui commençait à manquer... et cela, il évitait d'en parler.

La situation, en effet, se désagrégeait rapidement. Non seulement, Maximilien était bien incapable de rembourser les dettes du Mexique, mais il réclamait sans cesse de l'argent à Napoléon III. Celui-ci commençait à trouver que cette histoire lui coûtait très cher et tournait fort mal. Le parlement et le peuple français étaient de plus en plus hostiles à l'aventure : on parlait de millions dépensés par centaines, de vies humaines inutilement sacrifiées. En outre, les États-Unis, débarrassés de la guerre de Sécession par la victoire du Nord, commençaient à s'intéresser au Mexique et, fort mécontents de l'implantation française, se mettaient à aider Juarez en sous-main, cependant qu'une imposante offensive diplomatique était déclenchée vers Napoléon III.

Celui-ci dont s'envenimaient les relations avec la Prusse, envisageait déjà le rappel de ses troupes, dont il pourrait bien avoir besoin avant longtemps.

Excédé de tant de tracas, Maximilien s'en alla passer quelque temps dans sa résidence d'été de Cuernavaca, à 85 kilomètres de Mexico, un petit paradis au bord d'un étang où poussaient à foison les bougainvillées rouges, les jacarandas mauves et les tamarindos rose orangé. Le malheur voulut qu'il s'y éprit d'une belle Indienne, la femme de son chef-jardinier... que celle-ci fut peu farouche... et que Carlotta fut très vite au courant...

– Voilà donc pour qui tu as trahi la foi que tu m'avais jurée ? s'écria Charlotte. Une Indienne, une misérable Indienne... Tu ne nieras pas, j'ai là une lettre de toi. Des mots d'amour... des mots d'amour comme tu ne m'en as jamais écrit.

Il était impossible de nier et Maximilien ne parvenait pas à comprendre comment son billet doux était tombé entre les mains de sa femme. Il voulut tenter de la calmer : cette voix aiguë qu'elle avait depuis quelque temps lui crispait les nerfs.

– Chérie, fit-il doucement, nous ne nous sommes jamais quittés, je n'avais pas à t'écrire. Tu ne devrais pas te formaliser d'une fantaisie... une folie qui ne compte pas et que je regrette déjà.

Mais Charlotte ne voulut rien entendre.

– Si tu m'aimais comme je t'aime, tu n'aurais jamais regardé une autre femme. Mais tu as regardé celle-là. Notre amour est mort, Maximilien, mort à jamais... et maintenant, le mauvais sort pourra s'abattre sur nous.

Tout en parlant, elle avait fait avec agitation plusieurs tours dans la pièce puis, virant sur elle-même, se dirigeait vers la porte.

– Où vas-tu ? cria l'empereur.

Sur le seuil, elle se détourna, considéra son mari avec une grande dignité :

– Je retourne à Mexico et je te laisse à tes fleurs... à ton Indienne. Ne faut-il pas qu'au moins l'un de nous règne, si l'autre n'en est pas capable ?

Ces derniers mots blessèrent au vif Maximilien dans son orgueil d'homme. Furieux, il laissa Charlotte regagner sans lui la capitale et demeura encore prisonnier des jardins de Cuernavaca et des yeux de gazelle d'une jolie fille.

Entre les deux époux, la situation fut désormais tendue. Charlotte, déçue à la fois dans son amour et dans ses espoirs de maternité, s'aigrissait de plus en plus, se renfermait en elle-même.

Parce qu'à ce couple impérial, il fallait un héritier, ils avaient adopté, quand il fut admis que l'impératrice ne pourrait jamais concevoir, un petit garçon d'une très noble famille mexicaine, les Iturbide. Mais en regardant le petit Augustin jouer dans les jardins de Chapultepec, Charlotte sentait bien qu'il serait impuissant à remplir le vide affreux de son cœur. Un vide né du désespoir et qui l'envahissait peu à peu. De longues nuits se passaient sans sommeil, à demeurer immobile, les yeux grands ouverts sur la claire et somptueuse nuit mexicaine où passait si souvent le son lointain d'une guitare.

Mais au fond de sa douleur même, Charlotte trouvait du courage. Elle avait véritablement l'âme d'une princesse et s'était juré d'aider son mari tant qu'il lui resterait un peu de force. Libre à lui d'être infidèle. Elle, Charlotte, demeurerait inébranlablement fidèle au serment prononcé sous les voûtes de Sainte-Gudule et à son devoir d'impératrice.

Et comme Napoléon III rappelait ses troupes, qu'il refusait d'envoyer le moindre argent et que les relations avec Bazaine étaient désormais si tendues que le maréchal ne venait même plus au palais et s'occupait de faire embarquer ses hommes, Charlotte prit une héroïque décision. Laissant Maxl à ses amours et à ses fleurs, elle s'en irait en Europe, elle irait trouver Napoléon, François-Joseph et le Pape même, qui refusait toujours de signer un concordat avec le Mexique à cause des idées de Maximilien. Elle ramènerait de l'or, des hommes, le concordat. Elle sauverait le Mexique et le seul homme qu'elle eût jamais aimé. Après quoi, elle pourrait mourir si Dieu le voulait. Elle serait sans regrets.

Le 9 juillet 1866, Charlotte quittait Mexico, escortée de Maximilien, qui l'accompagna jusqu'à Ayotla, un village situé à deux kilomètres de la capitale. Là, les adieux furent pénibles. Les dernières rancœurs amassées après l'incident de Cuernavaca s'évanouirent pour ne laisser place qu'au chagrin de se quitter pour la première fois depuis dix ans. Charlotte pleura dans les bras de son mari, mais s'en arracha courageusement et monta en voiture avec la seule dame d'honneur qu'elle emmenait, la marquise Del Barrio (depuis longtemps, les dames autrichiennes avaient regagné l'Europe). Et tandis que la voiture s'éloignait sur la pénible route de Veracruz, Maximilien rentrait à Chapultepec et se mettait à écrire à sa mère, l'archiduchesse Sophie.

« Les mots ne peuvent exprimer ce qu'il m'en coûte de me séparer d'elle, mais il faut faire de grands sacrifices pour obtenir de grands résultats. Je prie Dieu de veiller sur elle et de nous réunir un jour... »

Le 10 août, après un voyage particulièrement pénible, au cours duquel la pauvre impératrice, déjà épuisée par la route mexicaine, avait été cruellement victime du mal de mer, elle arriva à Paris dans un assez triste état. De plus, aigrie jusqu'à l'âme, elle n'était guère en mesure de se montrer bonne diplomate. De fâcheuses circonstances firent le reste.

Le malheur voulut que la délégation chargée d'accueillir l'impératrice se trompât de gare, allât l'attendre à la gare d'Orléans (Austerlitz), alors qu'elle arrivait à Montparnasse. Elle en fut ulcérée, dut prendre des fiacres avec sa suite... et trouva visage de bois aux Tuileries. Le palais était fermé, l'empereur Napoléon III ayant interrompu sa cure à Vichy pour revenir à Saint-Cloud et faire face aux événements. Elle alla se loger au Grand Hôtel et, s'irritant, réclama orgueilleusement une entrevue avec Napoléon III.

Celui-ci étant souffrant, l'impératrice Eugénie se déplaça et vint visiter Charlotte à son hôtel pour tenter d'éviter à son époux une conversation nécessairement pénible. Mais l'impératrice du Mexique ne voulait rien entendre. Elle déclara que si l'on n'acceptait pas de bon gré de la recevoir, elle « ferait irruption ». Vaincue, Eugénie consentit à sa venue à Saint-Cloud.

L'entrevue fut pénible, mais Napoléon III resta ferme. Il ne pouvait faire autrement : il était pris entre le mécontentement des Français, les menaces des États-Unis et ses propres difficultés diplomatiques avec la Prusse. Il n'était plus possible pour lui de distraire ni un écu ni un homme en faveur du Mexique, quelque regret qu'il en eût. Il dut répéter ces mots cruels en rendant sa visite à Charlotte au Grand Hôtel.

Charlotte avait pâli jusqu'aux lèvres à cet énoncé froid et parfaitement clair.

– Ainsi, dit-elle, il nous faudra abdiquer ?

Elle n'en pensait pas un mot, et la réponse de Napoléon III l'atterra :

– Soit, dit-il, abdiquez. C'est la sagesse...

Alors, elle se déchaîna. Prise d'une colère aveugle, elle jeta à la face de Napoléon tous ses griefs, le traita en valet indélicat, et hurla :

– Comment ai-je pu oublier qui je suis et qui vous êtes ? J'aurais dû me souvenir que le sang des Bourbons coule dans mes veines et ne pas déshonorer ma personne en m'humiliant devant un Bonaparte, en traitant avec un aventurier.

Napoléon III se leva alors, puis, après un bref salut, quitta l'hôtel, laissant Charlotte en proie à une terrible crise nerveuse que l'on eut bien du mal à maîtriser. La manie de la persécution s'emparait d'elle et, comme à Saint-Cloud, on lui avait offert des rafraîchissements, elle hurlait que l'on avait voulu l'empoisonner.

Quand elle fut un peu plus calme, sa suite jugea prudent de lui faire quitter Paris. On avait d'abord pensé qu'elle se dirigerait sur Bruxelles, mais le roi Léopold Ier était mort l'année précédente. Son fils aîné, frère de Charlotte, régnait. Hélas ! Léopold II, les yeux fixés sur l'Afrique, ne s'intéressait nullement à l'aventure mexicaine. Il était donc inutile, si paradoxal que ce fût, d'aller à Bruxelles. Ainsi du moins pensait Charlotte, qui d'abord alla passer quelques jours à Miramar, puis se dirigea sur Rome. C'est là qu'allait éclater le drame.

Reçue au Vatican par le pape Pie IX avec beaucoup de bonté et de pitié, elle le trouva aussi inflexiblement attaché à ses positions : il ne pouvait faire passer le bien de l'Église avant l'intérêt d'un couple, si désireux fût-il de demeurer sur un trône et, doucement, tenta de faire comprendre à Charlotte que la partie était perdue, que s'obstiner serait de la folie, comme d'ailleurs l'estimait aussi l'empereur François-Joseph, et que la sagesse était de revenir tranquillement à Miramar en attendant qu'un poste digne de lui fût offert à Maximilien.

Charlotte écouta sans protester, regagna calmement son hôtel mais, le lendemain matin, comme le pape prenait son petit déjeuner, il vit soudain l'impératrice du Mexique, blanche comme un linge, les yeux exorbités, faire irruption chez lui, se jeter à ses pieds en criant qu'elle avait peur, que l'on voulait l'empoisonner. Après quoi, elle se jeta sur le chocolat pontifical et l'avala en femme qui n'avait rien pris depuis la veille. La senora del Barrio, qui avait suivi sa malheureuse maîtresse, expliqua du mieux qu'elle put l'étrange état dans lequel se trouvait Charlotte.

Celle-ci, d'ailleurs, refusait de quitter le Vatican. Il fallut que le pape, très ennuyé, lui fît dresser un lit dans un salon près de la bibliothèque, et Charlotte fut, dans toute l'Histoire, la seule femme, avec la senora del Barrio, jamais autorisée à dormir dans les appartements pontificaux.

Le lendemain, après une vaine tentative de la confier à un couvent, où elle fit scandale en criant que la sœur cuisinière voulait l'empoisonner, on parvint à la ramener à son hôtel, mais elle se livra à de telles extravagances dans la rue, buvant aux fontaines et poussant des cris, que la suite de la malheureuse, affolée, prévint à la fois Bruxelles et Vienne.

Huit jours plus tard, Charlotte était revenue à Miramar, où un médecin viennois vint l'examiner. La folie était patente, et ne devait plus se démentir. Au bout de quelques mois, le comte de Flandres, son frère, vint chercher la malheureuse et la ramena à Laeken, dont elle était partie si joyeuse quelques années plus tôt, sans espoir cette fois d'en sortir jamais. Dix-huit mois de règne avaient fait de la joyeuse Carlotta une pauvre folle.

Pendant ce temps, au Mexique, Maximilien tentait vainement de se raccrocher à son trône chancelant. Les troupes françaises étaient presque toutes parties. La dernière, la Légion étrangère, qui en 1863, à Camerone, avait écrit avec son sang l'une des plus glorieuses pages de son histoire, quitta le pays, non sans y être demeurée, par loyalisme, plus longtemps que ses ordres ne le prévoyaient. Mais malgré les objurgations de Bazaine, Maximilien voulait demeurer.

C'est alors qu'il reçut une dépêche chiffrée lui apprenant que l'impératrice, atteinte d'une grave maladie, était soignée par le docteur Riedel de Vienne. Il fit aussitôt appeler son médecin, un Autrichien, le docteur Basch :

– Savez-vous, lui demanda-t-il à brûle-pourpoint, qui est le docteur Riedel ?

Le médecin, sans méfiance, répondit tranquillement :

– Sans doute, Sire. C'est le directeur de la maison d'aliénés.

Maximilien laissa tomber le fatal papier et serra les dents. Folle, Charlotte était folle... Quelle chose horrible, impensable !.. Son premier mouvement fut d'accourir vers elle, et un bref instant il songea à l'abdication, mais il se ravisa. À quoi bon ? Retourner là-bas, retrouver une pauvre démente qui ne le reconnaîtrait peut-être pas ? Mieux valait lutter jusqu'au bout.

Juarez et ses troupes, chaque jour plus nombreuses, tenaient maintenant presque tout le pays. Napoléon III avait envoyé à Maximilien son aide de camp, le général de Castelnau, pour le supplier de partir quand il en était temps encore. Mais l'empereur ne voulait rien savoir. Il croyait encore, contre vents et marées, à l'amour de ses sujets. Il décida de lutter avec ses propres forces, alla s'enfermer dans la forteresse de Queretaro...

C'était une forte ville, qui aurait pu tenir longtemps mais un traître en ouvrit les portes. L'empereur fut pris, emprisonné avec deux de ses généraux Mieja et Miramon. Juarez le traduisit en jugement.

Quand cette nouvelle fut connue en Europe et aux États-Unis, ce fut une marée de protestations diplomatiques, émanant de toutes les chancelleries, qui convergea vers le chef rebelle. Nul ne pouvait admettre qu'il songeât à faire mourir le propre frère de l'empereur d'Autriche, un prince européen. Mais Juarez était indien. Pour lui, un ennemi était un ennemi. Maximilien et ses deux généraux furent condamnés à mort.

Le 19 juin 1867, l'empereur quitta sa prison, escorté des deux autres condamnés. Il était vêtu de noir, mais portait fièrement l'ordre de la Toison d'Or. En franchissant le seuil, il leva les yeux vers le merveilleux ciel turquoise :

– Quelle magnifique journée ! dit-il. Je ne pouvais en choisir une plus belle pour mourir.

Puis, comme le son d'une trompette parvenait jusqu'à lui, il se tourna vers le général Mieja :

– Est-ce le signal de l'exécution, Tomas ?

Mieja hocha la tête, sourit courageusement :

– Je ne sais pas, Sire. C'est la première fois qu'on m'exécute.

Quand sept heures sonnèrent au clocher de la ville, la salve d'artillerie déchira l'air. Les trois hommes s'écroulèrent. Le dernier mot de l'empereur déchu avait été :

– Pauvre Charlotte...

Jusqu'au 16 janvier 1927, jusqu'à quatre-vingt-seize ans, la malheureuse Charlotte devait traîner son martyre. La nuit qui l'avait prise ne devait plus jamais la quitter. Inlassablement, jour après jour, elle écrivait et récrivait la même lettre, un cri d'amour pour celui qui n'était plus...

Pourtant, une nuit, dans le plus grand secret, l'impératrice, que l'on disait stérile, mit au monde un enfant, un petit garçon, que l'on se hâta d'escamoter et sur lequel, désormais, veilla de loin la sollicitude de la cour belge. Mais ceci est une autre histoire...

DEUX VICTIMES DE MAYERLING

L'épouse de Rodolphe, Stéphanie de Belgique

On était le 10 mai 1881. Pourtant, le jour qui se levait sur Vienne était brumeux, chargé de nuages qui annonçaient la pluie. L'heure était si matinale qu'au palais de Schönbrunn, seuls les serviteurs étaient éveillés, les serviteurs et les gardes.

Pourtant, dans une grande chambre du premier étage, une jeune fille regardait se lever ce jour si triste qui devait être, normalement, le plus beau de sa vie. Pieds nus, ses cheveux blonds soigneusement nattés pendant sur sa longue chemise de nuit, elle se tenait dissimulée dans les plis des grands rideaux de velours afin de contempler le parc sans être vue.

C'était, en vérité, une très jeune fille. Elle avait seize ans et des yeux bleus inquiets encore, tout pleins de candeur, d'admiration aussi car, en dépit de la pluie, elle aimait déjà ce parc si magnifiquement fleuri. Elle aimait aussi ce palais, mais il avait tant de dorures, tant de meubles imposants, tant de lourdes tentures que la jeune fille n'était pas tout à fait certaine de ne pas regretter déjà son cher palais de Laeken et l'atmosphère familiale qui y était de mise. Pourtant, ce palais, sa mère y avait vécu enfant, jeune fille, avant de devenir reine des Belges, car cette jeune fille s'appelait Stéphanie et elle allait, ce même jour, épouser l'héritier d'Autriche, l'archiduc Rodolphe, l'un des princes les plus séduisants d'Europe.

Jusque-là, le mariage lui était apparu comme une belle aventure. Une aventure qui avait commencé un an plus tôt par l'irruption d'une gouvernante dans la salle de classe de Laeken où Stéphanie faisait ses devoirs.

On l'avait emmenée sans une explication, remise aux femmes de chambre qui l'avaient dépouillée, en quelques secondes, de ses vêtements de petite fille pour la revêtir d'une robe comme on ne lui en avait encore jamais donné. On l'avait coiffée en jeune fille et, pour la première fois aussi, on lui avait donné des bijoux. Puis, ainsi parée, on l'avait conduite dans le salon, où ses parents l'attendaient auprès d'un grand jeune homme blond aux traits fins et aux yeux attirants, qui portait une jolie moustache et un uniforme blanc de colonel autrichien.

La reine Marie-Henriette avait alors pris sa fille par la main pour la présenter, mais Stéphanie était trop éberluée, trop émue aussi pour trouver une seule parole. Elle avait l'impression que son univers était en train de basculer étrangement.

Le lendemain, qui était le 5 mars, le roi Léopold la fit venir dans son cabinet de travail :

– L'archiduc Rodolphe est venu ici pour demander ta main, lui dit-il. Ta mère et moi sommes entièrement favorables à ce mariage et nous serions heureux que tu deviennes impératrice d'Autriche et reine de Hongrie dans l'avenir, mais je pense qu'il t'appartient de décider de ta propre vie. Retire-toi, réfléchis et, demain, tu me donneras ta réponse...

Stéphanie, naturellement, passa une nuit blanche mais le lendemain, la réponse était en tout point conforme à ce que souhaitaient ses parents. Elle était trop bien élevée pour ajouter que ce mariage lui apportait une joie bien inattendue et que son cœur juvénile battait déjà au seul nom de Rodolphe. Sa mère l'avait en effet élevée sévèrement, on pourrait même dire dressée, dans le but de la voir régner un jour et, si jeune qu'elle fût, la jeune princesse savait déjà cacher ses sentiments profonds sous un visage uni, presque indifférent.

L'année qui suivit passa comme un rêve. Il fallut, naturellement, apprendre le hongrois et s'initier aux us et coutumes de la cour de Vienne, mais Stéphanie se trouva couverte de présents fastueux par un fiancé qu'elle ne voyait pas beaucoup peut-être, mais qui se montrait avec elle charmant et très affectueux.

Bien sûr, étant déjà très amoureuse, elle aurait préféré se voir traiter en femme et non en fillette, avec un rien d'indulgente condescendance, mais elle se promettait bien de le faire changer d'attitude. N'était-elle pas belle, d'ailleurs ? D'une beauté blonde, peut-être un peu froide, mais dans laquelle l'éclat de la peau, la couleur des yeux et la splendeur de la chevelure tenaient une grande place. Aussi, le soir où, pour ses seize ans, survenus quelques jours seulement avant son départ pour Vienne, Rodolphe envoya une imposante chorale donner une sérénade sous son balcon, Stéphanie crut bien la partie gagnée. Seul un fiancé épris pouvait avoir une idée aussi romantique.

Le voyage vers l'Autriche fut un autre enchantement. L'accueil du peuple emplit de joie le cœur de la petite princesse belge. Il y avait partout des drapeaux, des fanfares, des acclamations, des fleurs.

C'était toute l'Autriche qui venait à sa rencontre, et Rodolphe, en l'accueillant au débarcadère du Danube, semblait heureux.

C'est là que la future princesse héritière fut présentée à ceux qui allaient devenir ses beaux-parents : l'empereur François-Joseph, déjà vieilli par le fardeau du pouvoir mais toujours imposant, et l'éblouissante, la fabuleuse impératrice Élisabeth, dont la célèbre beauté semblait défier le temps.

Rodolphe, lui ressemblait. Il avait ses traits, ses yeux inquiets, son allure véritablement impériale. Et Stéphanie brûla aussitôt du désir de plaire à cette femme, de lui ressembler en tout, excepté peut-être ce goût forcené qu'elle avait pour les voyages. Stéphanie, elle, entendait bien ne jamais quitter son époux ni délaisser ses devoirs de souveraine pour courir le monde en solitaire.

En regardant tomber la pluie sur les jardins de Schönbrünn, Stéphanie songea qu'elle approchait du dénouement si impatiemment attendu : dans quelques heures, elle serait mariée...

Un instant, sa pensée s'en alla vers sa tante Charlotte qui, un jour, avait elle aussi attendu dans une chambre de ce palais l'heure de son union avec un bel archiduc. Charlotte qui, jetée à bas de son trône exotique, vivait à présent, l'esprit perdu à jamais, recluse au château de Bouchout, en Belgique... Mais Stéphanie repoussa vivement l'image déprimante. Son destin à elle n'aurait rien de comparable. Elle allait être heureuse, follement heureuse...

Une voix solennelle la tira de sa méditation :

– Votre Altesse est déjà levée ? C'est bien, car il est temps pour Votre Altesse de se préparer, mais elle risque de prendre froid...

La princesse Schwartzenberg, grande maîtresse de la maison de l'impératrice, venait d'entrer. Stéphanie lui adressa un sourire timide.

– Vous avez raison, princesse. Je crois bien que j'ai froid.

Quelques heures plus tard, vêtue de brocart blanc tissé d'argent, voilée des plus belles dentelles de Bruxelles et portant la célèbre parure d'opales et de diamants qui avait été celle de l'archiduchesse Sophie, puis de l'impératrice Élisabeth, Stéphanie rejoignait Rodolphe dans le chœur de l'église des Augustins, fleurie et scintillante de cierges. Ce fut avec un sourire rayonnant d'espoir qu'elle tendit la main à celui qui allait devenir son époux.

Les fêtes terminées, le jeune couple, comme le voulait la tradition, gagna le palais de Laxenbourg, un palais d'été situé au sud de Vienne. Stéphanie était recrue de fatigue et d'énervement après cette écrasante journée qui lui avait paru, en réalité, un supplice. Et la pauvre petite archiduchesse de seize ans souhaitait à présent désespérément un coin paisible et douillet où se réfugier avec son cher époux.

Mais Laxenbourg n'avait rien d'un nid d'amoureux. Personne, apparemment, n'avait pris soin de le préparer pour la lune de miel. Pas de confort, des pièces froides, hostiles. Pas une fleur ! L'ambiance de Laeken, toujours abondamment fleuri, son confort moderne et sa propreté typiquement belge, étaient bien loin !

Au seuil du glacial château, Stéphanie sentit l'envie de pleurer étreindre sa gorge. Elle comprenait maintenant un peu mieux ce qu'avait voulu dire sa sœur Louise, mariée depuis plusieurs années – et mal mariée ! –, au prince Philippe de Cobourg, compagnon habituel des plaisirs de Rodolphe, qui, en l'embrassant au moment du départ, lui avait chuchoté :

– Courage, Steffie ! Ce n'est qu'un mauvais moment à passer !

Un mauvais moment ? Comment les premières heures d'intimité d'un jeune couple pouvaient-elles être un mauvais moment ? Philippe, bien sûr, était une brute. Mais Rodolphe, le cher, le bien-aimé Rodolphe ?

À vrai dire, il paraissait bien lointain, ce soir, le bien-aimé Rodolphe. Il avait commencé à grogner en arrivant à Laxenbourg. Il avait houspillé les serviteurs et réclamé à souper. Un morne souper où, trop fatigués, les deux époux n'avaient pas trouvé trois mots à échanger. Stéphanie se raidissait, corsetée par son éducation de princesse royale, pour ne pas éclater en sanglots et ne pas lui montrer à quel point elle était déçue. Elle attendait des mots tendres, des caresses mais, en se levant de table, Rodolphe se borna à lui dire, avec un sourire il est vrai :

– Je vais fumer un cigare dans la salle de billard. J'irai vous rejoindre tout à l'heure.

La nuit qui suivit fut un désastre. Habitué à des maîtresses ardentes et averties qu'il choisissait d'ailleurs volontiers chez les tziganes, Rodolphe avait trouvé charmante, mais un peu trop couventine, cette petite Belge affolée, qu'il aurait fallu amener, avec beaucoup de douceur et de patience à cet instant crucial où la jeune fille devient femme. Mais si Stéphanie lui inspirait une certaine affection, Rodolphe n'était pas véritablement amoureux et, surtout, il n'avait aucune patience. Cette nuit de noces ne fut pour lui qu'une formalité comme une autre, et il s'en acquitta assez cavalièrement.

Au matin, Stéphanie mariée, découvrait que, si elle aimait passionnément son époux, il ne lui rendait qu'un sentiment assez tiède, et se sentit désespérément seule. Elle pensait à sa sœur Louise, s'échappant de la chambre nuptiale à l'aube de ses noces et se réfugiant, sanglotante et désespérée, dans l'orangerie de Laeken... Le sort des princesses royales était-il vraiment de ne connaître dans les premiers temps du mariage que des moments pénibles ?

À vrai dire, Louise semblait s'être accommodée de Philippe et de la vie viennoise. Très élégante, très dépensière, très courtisée, elle ne s'occupait plus guère de son époux, et c'était elle qui avait conseillé à Rodolphe, avec qui elle avait quelque peu flirté, d'épouser sa petite sœur.

– Elle me ressemble, lui avait-elle dit. Elle te plaira...

Lui plaire ? Stéphanie en venait à se demander si elle y parviendrait jamais...

En fait, elle ne devait jamais ni comprendre son époux ni être comprise de lui. Et avec le recul du temps, il paraît difficile d'en faire grief à Stéphanie. Qui aurait pu comprendre Rodolphe ?

Instable, d'une intelligence certaine mais tournée vers l'impossible, il avait le goût de la violence, la hantise de la mort et il détestait d'instinct tout ce que Stéphanie avait appris à admirer : la royauté, la cour, les principes rigides. Ses idées avancées, révolutionnaires même, inquiétaient l'empereur au même titre que ses fréquentations, ses trop nombreuses maîtresses et son goût prononcé pour certains vices. Il y avait en lui un perpétuel désir de tuer, qui s'assouvissait sur le gibier passant à la portée de son fusil. Continuellement, devant les yeux horrifiés de Stéphanie, il abattait, dans le parc de Laxenbourg, oiseaux, daims, chevreuils, emporté qu'il était par une frénésie de destruction qui révulsait sa petite épouse. C'était un malade, une imagination exaltée, qui s'accommodait mal d'une petite princesse paisible et habituée aux bons principes. Mais cela, Stéphanie ne le savait pas.

Pourtant, elle montrait tellement de douceur et de bonne volonté que pour elle, un temps, il mit un frein à ses appétits violents. Et puis, elle l'aimait de façon si visible, si touchante !... Durant deux ans, la vie du couple se déroula sans incidents, et même dans une entente qui semblait assez complète.

L'empereur les avait envoyés à Prague et, là, Stéphanie joua parfaitement son rôle de princesse héritière, encore qu'elle eut été quelque peu déroutée par les Tchèques. Elle avait de la dignité, de la bonne volonté, beaucoup de bonne grâce et un sens aigu de son rang. Rien ne la rebutait, rien ne la fatiguait quand il s'agissait de son « métier de future impératrice ». On aurait pu croire que ce métier, elle l'aimait, et c'est peut-être ce qui éloigna le plus Rodolphe : ce métier-là, le prince héritier d'Autriche-Hongrie l'avait en horreur.

Stéphanie se plut à Prague. Le vieux château royal, le Hradschin, était sévère mais pittoresque, le pays admirable et, dans les forêts, Rodolphe allait passer des semaines entières. Aussi quand, au début de 1883, Stéphanie se déclara enceinte, on aurait pu supposer qu'il ne manquait plus rien au bonheur de ce jeune couple.

Hélas ! Ce fut une fille, Élisabeth, qui vint au monde le 2 septembre. Et comme Séphanie, désespérée, pleurait de honte de n'avoir pu donner l'héritier espéré, Rodolphe la consola avec une douceur inattendue :

– Une fille, c'est bien plus gentil, lui dit-il. Et puis, nous aurons un fils plus tard. Ma mère a eu deux filles, tu sais, avant que je vienne au monde.

Stéphanie, du coup, sécha ses larmes. Puisqu'il était satisfait, en ce cas, pourquoi ne pas l'être aussi ? Ne vivait-elle pas que pour lui, pour qu'il l'aime et soit fier d'elle ?

Peut-être ce fragile bonheur eût-il duré encore car, à Prague, si Rodolphe avait des maîtresses, il les cachait soigneusement. Mais François-Joseph, peu après la naissance de la petite Élisabeth, rappela le couple à Vienne. Ce fut pour Stéphanie la fin du bonheur, le début d'un véritable calvaire.

Au bout de quelques semaines, elle s'en plaignait amèrement à sa sœur Louise :

– Je ne le vois plus. Plus jamais ! Il s'est fait installer un petit appartement à l'autre bout du palais et personne, pas même moi, n'a le droit d'y pénétrer. Son valet de chambre, Loschek, fait bonne garde, je te prie de le croire.

Louise de Cobourg écoutait en silence le chagrin de sa sœur. Stéphanie ne lui apprenait rien. Tout Vienne savait déjà que l'archiduc menait l'existence la plus indépendante qui fût, et n'avait pratiquement pas de vie de famille. Le petit appartement de la Hofburg, si bien gardé par Loschek, voyait défiler de jolies femmes, des actrices, des chanteuses, des danseuses, et même de grandes dames. Toutes les femmes de Vienne n'étaient-elles pas folles de Rodolphe ?

– Pourquoi ne te plains-tu pas ? dit-elle enfin. Fais-lui comprendre qu'il te laisse trop seule.

– Il s'ennuie avec moi, je le sais bien. Je sais bien aussi que je ne suis pas assez brillante. Ses belles amies ne se gênent pas pour me traiter de paysanne flamande ! Et quand je tiens mon rôle, à la Cour, crois-tu que je ne vois pas les sourires, les regards triomphants de ces femmes ? Crois-tu que j'ignore, en outre, que, chaque nuit, Rodolphe sort de la Hofburg avec le fiacre du cocher Bratfisch et se rend chez l'une ou l'autre de ses maîtresses... à moins qu'il n'aille souper chez Sacher.

– ... avec mon cher époux et le comte Hoyos, acheva Louise en riant. Ils sont inséparables, ces trois-là. Mais sincèrement, Steffie, tu ne devrais pas te tourmenter à ce point. Tu es sa femme et il tient à toi. Je le sais : il me l'a dit. Qu'il ne soit pas très fidèle importe peu. Un jour il sera empereur et toi impératrice. Alors, il sera pris par ses devoirs... et Bratfisch n'aura plus qu'à se chercher une autre pratique. Rodolphe t'aime bien, tu le sais, et...

Le mot était maladroit. Stéphanie éclata en sanglots et enfouit sa tête dans les coussins du canapé :

– Il m'aime bien, je sais. Mais moi, je l'aime, tu entends... je l'aime !

La voix froide d'une dame d'honneur, que ni l'une ni l'autre n'avait entendue entrer, vint brusquement interrompre la plainte de l'archiduchesse :

– Sa Majesté attend Votre Altesse impériale pour la réception des délégués hongrois, dit-elle.

Stéphanie se redressa, essuya soigneusement ses yeux rougis, regarda sa sœur avec désespoir, mais se força héroïquement à sourire :

– C'est vrai, soupira-t-elle. Il y a ici au moins quelqu'un qui a besoin de moi : l'empereur.

En effet, depuis qu'elle était revenue à Vienne, Stéphanie avait une vie officielle très chargée. Princesse héritière, elle remplaçait continuellement l'impératrice, l'éternelle errante qui, égoïstement, se déchargeait sur elle d'un fardeau qu'elle détestait, sans lui en avoir d'ailleurs la moindre reconnaissance. Alors, Stéphanie, armée de son immuable sourire que d'aucuns jugeaient stupide, subissait sans faiblir les mortelles corvées de la cour, recevait, inaugurait, présidait, honorait de sa présence bals d'ambassades et manifestations folkloriques.

De tant d'efforts fournis en silence, seul François-Joseph lui était reconnaissant. Il admirait le courage de cette petite princesse de vingt ans, qui essayait si vaillamment d'assumer un rôle écrasant de vice-impératrice, ce rôle que ni Sissi ni Rodolphe n'acceptaient d'endurer et pour lequel ils ne montraient qu'un désinvolte mépris. Stéphanie était, elle, comme le vieil empereur lui-même, une bonne ouvrière du pouvoir et, souvent, François-Joseph se prenait à regretter qu'elle ne fût pas un garçon, et son fils !

Malheureusement, cette vie épuisante minait la santé de la jeune femme. Ses couches, difficiles, l'avaient laissée fragile, et les médecins craignaient qu'elle ne fût plus capable d'avoir d'enfants. Cette crainte finit par s'ancrer tellement dans l'esprit de l'empereur, et même dans celui de Rodolphe, que la prison impériale s'entrouvrit un peu. Stéphanie put de temps en temps prendre des vacances.

On la vit dans l'île de Jersey, à Lacroma, au château de Miramar près de Trieste mais, le plus souvent, à Abbazia, sur la côte dalmate. Cependant, elle était toujours seule, comme l'impératrice Élisabeth elle-même, ou bien accompagnée de sa sœur Louise. Et peu à peu, l'épouse délaissée prit goût à ces séjours. À Abbazia, elle avait le droit de respirer, loin des murs étouffants de la Hofburg. Elle avait le droit d'être une femme presque comme les autres, une jeune femme en vacances avec sa petite fille. C'était bon...

D'autant que la vie à Vienne, surtout l'existence auprès de Rodolphe devenaient peu à peu intenables... Des scènes effrayantes avaient lieu, trop souvent.

– Aurais-tu peur de mourir ? disait-il parfois. Ce serait si simple, Stéphanie ! Regarde : un tout petit geste, une toute petite pression du doigt sur ce morceau d'acier, et tout serait dit...

Sous le regard glacé de sa femme, Rodolphe, les yeux troubles, agitait un revolver d'ordonnance. Ce n'était pas la première fois qu'il jouait devant elle ce jeu mortel, mais si elle avait peur, elle s'efforçait de n'en rien montrer pour ne pas réveiller ce qu'il y avait de cruauté au fond de ce cœur étrange :

– Tu ne devrais pas parler ainsi, dit-elle froidement. Les princes sont encore moins libres que les simples mortels de disposer de leur vie. Leur devoir avant tout.

– Le devoir ! Tu n'as que ce mot à la bouche, Steffie ! Tu ressembles à père. Vrai, vous allez admirablement bien ensemble : confits tous deux dans la respectabilité et le souci de l'étiquette !

– Cela vaut mieux, quand on règne, qu'être confit dans l'alcool et la débauche ! riposta la jeune femme, méprisante.

Ce jour-là, Rodolphe entra dans une terrible colère, que sa femme s'efforça de laisser passer sans y participer. Depuis quelque temps, d'ailleurs, ces colères augmentaient d'intensité, devenaient effrayantes. L'archiduc buvait trop, passait des nuits entières sans dormir, élaborant avec ses amis journalistes et son cousin Jean-Salvator, l'archiduc révolutionnaire, des plans dangereux pour la sûreté de l'État, mais qui, inspirés par la générosité et un libéralisme peut-être outrancier, avaient du moins le mérite de faire honneur à leur sens de la solidarité humaine. De plus en plus inquiet et angoissé, en désaccord complet avec son père, abruti de travail et de plaisirs, malade de surcroît, Rodolphe usait sa vie par tous les bouts et accentuait chaque jour en lui ce goût de la mort auquel la paisible Stéphanie ne comprenait rien. Qui aurait pu le reprocher à une femme de vingt ans ?

Parfois, une éclaircie se produisait dans les relations du ménage. Ainsi ce jour de 1886 où, en compagnie de Philippe et Louise de Cobourg, le couple inaugura, en famille, le nouveau pavillon de chasse de Mayerling aux environs de Vienne. Ce jour-là, Rodolphe fut gai, détendu, charmant, comme il savait si bien l'être... Malheureusement, ce ne fut qu'une bien courte éclaircie. Le ménage plongeait de plus en plus dans un enfer auquel Stéphanie s'efforçait d'échapper le plus souvent qu'elle le pouvait pour gagner Abbazia.

En effet, les scènes succédaient aux scènes, toujours violentes et au cours desquelles Rodolphe terrifiait la princesse en menaçant de la tuer puis de se tuer ensuite.

Ce fut pire encore quand, vers la fin de 1887, une cousine germaine de Rodolphe, l'intrigante comtesse Larisch-Wallersee, présenta au prince une jeune fille de seize ans appartenant à la petite noblesse et apparentée à la riche bourgeoisie levantine. Elle se nommait Marie Vetsera, elle était brune avec de grands yeux bleus, et Rodolphe aimait les brunes. Elle était ravissante, très jeune et positivement folle du prince. Un an ne s'était pas écoulé qu'elle était devenue l'habituée du petit appartement de la Hofburg où Stéphanie n'entrait jamais.

Pour elle, Rodolphe eut un caprice violent mais qui ne lui fit pas délaisser ses autres maîtresses : telle l'actrice Mitzi Kaspar, avec laquelle il passait bien souvent, ses nuits.

Pour Stéphanie, l'existence devint odieuse. La jeune Marie, éclatante d'orgueil, affichait sans vergogne son triomphe, défiant insolemment l'archiduchesse lorsqu'elle la rencontrait à l'opéra. Sa mère poussait à la roue, car c'était une femme d'un snobisme outrancier et qui n'était pas loin de voir sa fille impératrice, en dépit d'une trop petite noblesse qui ne lui permettait même pas d'assister aux bals de la cour. Mais ne disait-on pas que Rodolphe, désespérant d'avoir jamais un héritier mâle, avait demandé au pape de constater la nullité de son mariage ?

L'année 1888 se termina mélancoliquement. Après la Saint-Nicolas Stéphanie alla passer quelques jours à Abbazia pour tenter de retrouver un calme qui la fuyait de plus en plus. Elle dut néanmoins rentrer à Vienne dans les premiers jours de janvier, car l'impératrice, une fois encore, était absente. Il lui fallait la remplacer, mais en revoyant Rodolphe, elle fut effrayée : plus nerveux que jamais, plus irritable aussi, son regard était celui d'un être traqué. Il semblait mû par une force intérieure dont il n'était pas le maître et passait ses nuits en dehors du palais.

Le 26 janvier, il annonçait à sa femme que, le surlendemain, il avait l'intention d'aller chasser à Mayerling. Sans trop savoir pourquoi, Stéphanie tenta de l'en dissuader. Elle le trouvait pâle, fiévreux, et visiblement en mauvais état.

– Justement ! riposta Rodolphe. J'ai le plus grand besoin d'air pur...

Mais cette affirmation ne calma pas les craintes, d'ailleurs imprécises, de sa femme.

– Je voudrais tellement qu'il renonce à cette chasse ! confia-t-elle à sa sœur. Je ne peux te dire pourquoi, mais j'ai peur...

En réalité, l'archiduchesse était au comble de la nervosité et de l'agitation. Il circulait à la cour des bruits effrayants : on disait que Rodolphe aurait profondément mécontenté l'empereur, qu'il se serait engagé plus qu'il n'aurait fallu avec les révoltés hongrois... On parlait même d'un complot contre l'empereur lui-même et toujours, toujours, Rodolphe parlait de la mort...

– Mais enfin, conseilla Louise, si tu as peur, va avec lui à Mayerling.

– Je le lui ai proposé, mais il ne veut pas. Il dit que je suis trop sotte, avec ma peur des armes à feu.

– Allons ! Cesse de te tourmenter de la sorte. Tu fais une montagne avec une taupinière. D'ailleurs, qu'as-tu à craindre ? Philippe et Hoyos doivent eux aussi chasser à Mayerling. Tu penses bien qu'ils sauront veiller sur lui...

Stéphanie se leva, essuya ses yeux et, devant une glace, rajusta sa voilette.

– Tu as peut-être raison. À présent, il faut que je rentre m'habiller pour le bal chez le prince de Reuss, où je dois remplacer l'impératrice.

– J'y serai aussi, dit Louise, Mais essaie de te reposer un moment avant de t'habiller. Tu as une mine affreuse.

Cette soirée chez le prince de Reuss, l'ambassadeur d'Allemagne, allait être pour l'archiduchesse Stéphanie une cruelle, une ineffaçable épreuve.

Tout Vienne se pressait ce soir-là dans les vastes salons de l'ambassade, même les gens qui, comme les Vetsera, n'étaient pas assez nobles pour pénétrer jusqu'à la cour. Rodolphe, portant pour la circonstance un uniforme de colonel de uhlans allemand, et Stéphanie, en robe de cour, devaient y représenter la famille impériale.

Or, en faisant au bras de l'ambassadeur le tour des salons, l'archiduchesse remarqua instantanément une jeune fille brune, littéralement couverte de bijoux – ce qui n'était pas d'un goût extrême, mais trahissait assez l'origine orientale – et qui la dévisageait avec insolence. Ces yeux bleus, elle les connaissait bien, et quelque chose se serra dans la poitrine de l'épouse de Rodolphe.

Calme en apparence, elle poursuivit cependant son chemin, distribuant saluts, sourires et mots aimables. Devant elle, les femmes pliaient le genou, les hommes s'inclinaient, mais quand elle arriva à la hauteur de Marie Vetsera, la jeune fille, folle d'orgueil, refusa de s'incliner. Les doigts de l'archiduchesse se crispèrent sur la manche de l'ambassadeur. Devait-elle subir à présent un affront public de la part de cette fille ?

Un instant, les deux regards bleus se croisèrent, meurtriers. Un murmure scandalisé se levait déjà. Affolée, la baronne Vetsera, qui se tenait auprès de sa fille, obligea celle-ci à s'incliner, prévoyant trop bien quelle serait la colère de l'empereur et sentant vibrer autour d'elle le vent de l'exil.

Finalement, Marie plia le genou, mais l'archiduchesse était déjà passée...

Avec prudence, Rodolphe s'était tenu à l'écart de la scène, et durant toute la soirée, les deux époux ne s'adressèrent pas la parole. Quand ils quittèrent l'ambassade, Stéphanie regagna directement la Hofburg, tandis que Rodolphe s'en allait passer la nuit chez Mitzi Kaspar, à laquelle d'ailleurs – elle devait le révéler plus tard – il proposa de mourir avec lui.

Jamais plus Stéphanie ne devait revoir Rodolphe vivant...

De la scène, très longue et sans doute terrible, qui opposa le lendemain matin l'archiduc à l'empereur, on n'a rien su mais le drame de Mayerling est trop connu pour le rappeler ici. On sait comment l'archiduc Rodolphe trouva la mort en compagnie de Marie Vetsera, mais l'on estime à présent, que ce drame fut sans doute plus politique que sentimental. Marie Vetsera gagna pour la postérité le ciel des grandes amoureuses, parce qu'elle fut la seule femme qui consentit à accompagner Rodolphe dans cet inconnu de la mort qu'il redoutait d'affronter seul.

Pour Stéphanie, pétrifiée de douleur, l'épilogue de Mayerling fut la lettre qu'on lui remit et que son époux avait écrite pour elle avant de se donner la mort.

« Chère Stéphanie, tu es délivrée de ma funeste présence ; sois heureuse dans ta destinée. Sois bonne pour la pauvre petite qui est la seule chose qui subsiste de moi. Transmets mon dernier salut à toutes les connaissances, spécialement à Bombelles, Spindler Latour, Nowo, Gisela, Leopold, etc. J'entre avec calme dans la mort qui, *seule, peut sauver ma bonne réputation*. T'embrassant de tout cœur, ton Rodolphe qui t'aime... »

C'était fini. Stéphanie avait perdu à la fois son amour de jeunesse et toute chance d'être un jour impératrice. Lasse et découragée, elle voulut rentrer en Belgique, mais l'empereur s'y opposa. Princesse autrichienne elle était, princesse autrichienne elle demeurerait !

Les quatre mois qui suivirent ce drame, la jeune veuve les passa à Miramar, dans le château de Charlotte, l'impératrice folle, le château qui passait pour porter malheur. Elle y demeura avec sa mère, sa fille et ses deux sœurs, Louise et Clémentine. Ensuite, elle choisit de s'installer à Abbazia et laissa le silence retomber sur elle.

C'est là qu'un nouvel amour devait venir à elle, quelques années plus tard, sous les traits d'un séduisant chambellan hongrois : le comte Elmer Lonyay de Nagy-Lonya et Vasarcs-Nameny. Elle l'épousa à Miramar, le 22 mars 1900, rompant ainsi avec son père, le roi Léopold II, qui ne devait jamais lui pardonner ce qu'il considérait comme une mésalliance.

François-Joseph se montra plus compréhensif, en élevant le comte Lonyay au rang de prince, et Stéphanie, apaisée, put enfin connaître une vie calme, jusqu'au 25 août 1945, où enfin, elle quitta ce monde...

Le cousin de Rodolphe, Jean-Salvator, archiduc d'Autriche, prince de Toscane

Un soir d'hiver 1884, un soir de février plus exactement, trois hommes étaient réunis dans un petit bureau étroit et sombre situé au premier étage d'une maison sans apparence particulière de la Rotenturmstrasse, à Vienne. Une atmosphère quasi étouffante y régnait, saturée par l'odeur du poêle qui ronflait jointe à celle de l'encre d'imprimerie fraîche et à la fumée des cigarettes dont les cendres emplissaient trois cendriers.

De ces trois hommes, aucun ne parlait. Assis sur des chaises, les deux plus jeunes – l'un avait vingt-six ans, l'autre trente-deux – regardaient, sans mot dire, le troisième, un petit juif hongrois, brun et pâle, dont la figure intelligente était traversée de tics nerveux et dont les yeux myopes s'abritaient sous d'épaisses lunettes. Un physique sans éclat en vérité, assorti à son habillement négligé, l'un et l'autre contrastant violemment avec l'élégance sobre, la beauté et la distinction de ses compagnons.

Pourtant, c'étaient eux qui le regardaient avec un respect teinté d'admiration, tandis qu'armé d'un crayon, il corrigeait une pile de feuillets placés devant lui, raturant énergiquement, ajoutant un mot ici, en retranchant un autre là, le front plissé par l'effort et l'œil brillant sous ses énormes verres.

Ce petit bonhomme se nommait Maurice Szeps. Depuis quelques années déjà, il dirigeait un journal libéral, le « Neues Wiener Zeitung », dont les éditoriaux d'une rare violence, généralement consacrés à la politique impériale et toujours anonymes, inquiétaient assez sérieusement l'empereur François-Joseph et ses ministres. C'est que Szeps avait consacré sa vie, son réel talent et le peu de bien qu'il possédait à la libération de sa Hongrie natale et, plus accessoirement, à l'éducation politique de ses contemporains. Il régnait toujours dans ses papiers un fumet de révolte. C'était, en quelque sorte, un progressiste avant la lettre et, naturellement, l'autocratie des Habsbourg n'avait pas d'ennemi plus authentique que lui. Et pourtant...

Et pourtant, les deux jeunes hommes qui le contemplaient en grillant cigarette sur cigarette étaient ce que l'empire d'Autriche comptait de plus élevé après l'empereur lui-même. Le plus jeune surtout, qui n'était autre que l'héritier : l'archiduc Rodolphe, qu'une amitié, on pourrait presque dire une complicité déjà ancienne, unissait à Maurice Szeps. L'autre, plus beau encore, plus mûr, plus réfléchi aussi, était son cousin Jean-Salvator, prince de Toscane, fils cadet du grand-duc de Toscane Léopold II, et de la princesse Marie-Antoinette de Bourbon-Sicile, sœur de la duchesse de Berry. Il partageait l'amitié de son cousin pour Szeps, et entre lui et Rodolphe, les liens du sang se doublaient d'une étroite communauté d'idées politiques. Les deux archiducs nourrissaient les mêmes espoirs, les mêmes colères, les mêmes révoltes, le même libéralisme et le même goût ardent de la liberté.

Aux yeux de l'un comme de l'autre, le grand empire austro-hongrois était en passe de mourir étouffé sous le fonctionnarisme outrancier et les tracasseries bureaucratiques. Aussi, rêvaient-ils ensemble de libérer le pays de son conformisme, de son régime trop souvent policier et les palais impériaux d'une étiquette d'un autre âge, instaurée au temps de Charles Quint pour briser les volontés plus que pour honorer la majesté impériale. En un mot, les deux cousins rêvaient de monarchie constitutionnelle en général et, pour les différents pays membres de l'Empire, d'une fédération de royaumes unis qui, à l'usage, eût pu se révéler assez difficile à manier.

Là où ils différaient, c'était dans le mode d'expression des idées. Rodolphe, exalté et facilement velléitaire, subissait de surcroît la pesante hérédité des Witelsbach, qu'il tenait de sa mère, et ne jouissait peut-être pas de la stabilité d'esprit nécessaire à un grand souverain. En revanche, Jean-Salvator possédait, lui, un esprit plus froidement novateur, joint à une ardeur passionnée pour la cause de l'humanité. Il existait dans ce beau garçon de trente-deux ans, capable d'atteindre aux idées d'un grand révolutionnaire, un curieux mélange de condottiere, de prince de la Renaissance, cultivé, artiste et facilement impitoyable, d'homme de lettres et d'homme de guerre car il y avait aussi en lui l'étoffe d'un grand stratège et d'un meneur d'hommes.

Au physique, il érigeait sur une haute et mince silhouette un visage brun aux yeux de feu, encadré d'une courte barbe noire que l'on imaginait plus aisément au-dessus d'une fraise empesée qu'émergeant d'un uniforme autrichien. Son sourire était irrésistible et, tel qu'il était, Jean-Salvator partageait avec son cousin Rodolphe les suffrages et les rêves romantiques des jolies Viennoises.

Pour l'heure présente d'ailleurs, les femmes étaient bien loin de ses préoccupations, car le tas de feuillets que corrigeait Szeps était son œuvre : un sévère réquisitoire contre les méthodes d'éducation de l'armée autrichienne, qu'il avait titré « Dressage ou éducation ?... »

Enfin, Szeps jeta son crayon, rassembla les feuillets, qu'il égalisa en les tapant sur le bois de son bureau, ôta ses lunettes qu'il essuya soigneusement, puis leva son regard myope sur l'archiduc-auteur.

– Un excellent travail ! Mais il y a là-dedans assez de poudre pour faire sauter, sinon Vienne, du moins la Hofburg ! Je me demande comment l'empereur prendra cela ?

– Je ne souhaite nullement l'indisposer, mais seulement lui faire entendre raison. L'armée est menée comme on menait les troupes sous Philippe II. Avec ses superbes uniformes, ses plumes et sa discipline d'un autre âge, elle est incapable de satisfaire aux exigences d'une guerre moderne. Elle est tout juste bonne pour les défilés au Prater ou sur les mails des villes de garnison ! Les chefs ne sont que de pompeux imbéciles, le pire étant certainement le généralissime, mon stupide cousin Albrecht. Qu'on nous envoie au combat et nous sommes vaincus d'avance. Il faut que cela change !

– Comprenez donc, Szeps ! renchérit Rodolphe. Si personne n'a le courage de dire la vérité à l'empereur, où voulez-vous qu'il la prenne ?

Maurice Szeps considéra tour à tour les deux cousins :

– Je suis d'accord avec vous. Mais, Monseigneur, ajouta-t-il en s'arrêtant à Jean-Salvator, croyez-vous vraiment utile de signer ce brûlot ? Jusqu'à présent, les articles que vous me faisiez l'honneur d'écrire pour moi étaient anonymes, ainsi que les vôtres, Altesse. Pourquoi ne pas continuer ?

– Il ne s'agit plus d'articles de journal mais d'un livre, ami Szeps. Il lui faut un auteur.

– Pourquoi ne pas choisir un nom de plume ?

– Parce que je n'ai aucune raison de me cacher. Je suis l'un des chefs de cette armée. Il me semble que j'ai mon mot à dire ? C'est de la vie de mes hommes et de la mienne qu'il s'agit...

– Bien sûr, bien sûr... J'ai peur, tout de même, que vous vous attiriez de graves ennuis. L'empereur n'aimera pas votre livre.

Jean-Salvator se mit à rire.

– Je le sais bien, parbleu ! Mais je ne l'ai pas écrit pour lui faire plaisir...

Szeps avait raison d'être inquiet. François-Joseph prit la chose encore plus mal qu'il le craignait. Le livre, cependant plein d'intérêt, du jeune général lui fit l'effet d'une offense personnelle car, en ce qui le concernait, il considérait son armée comme entièrement satisfaisante, en dépit des défaites successives qu'elle essuyait trop fréquemment.

Quelques jours après la sortie des presses de son livre, Jean-Salvator reçut l'ordre de quitter Vienne pour Linz. Le commandement de son régiment lui était retiré. Il recevait en échange le poste, subalterne, d'adjoint au général commandant l'infanterie de la Haute Autriche.

Ce limogeage en règle accabla le jeune homme. Il s'était préparé à une verte mercuriale, voire à une scène pénible dans le cabinet impérial qu'il connaissait si bien. Mais on préférait se débarrasser de lui comme d'un gêneur sans grande importance.

– L'empereur a trouvé ce qui pouvait me toucher le plus, confia-t-il à Rodolphe. Il m'enterre dans un trou de province ! Cela va être l'enlisement dans une routine stupide.

– Linz n'est pas au bout du monde, plaida Rodolphe, qui avait tenté vainement de fléchir son père et gardait le cuisant souvenir de la scène que n'avait pas eue Jean-Salvator. C'est entre Vienne et tes terres du Salzkammergut. De toute façon, cela ne changera rien à nos projets et nous resterons en liaison constante.

Les paroles de l'héritier rendirent son cousin moins malheureux. Il pouvait prendre son mal en patience. Après tout, un jour viendrait où l'empereur s'appellerait Rodolphe...

Il y avait du vrai d'ailleurs dans ce que celui-ci disait. Linz le rapprochait de son château d'Orth, où vivait sa mère, l'endroit au monde qu'il préférait.

Sur les bords du Traunsee, l'automne revêt toujours d'éclatantes couleurs sur l'or desquelles tranche le noir profond des grands sapins. Ce matin-là, le lac étincelait, bleu et lumineux sous les rayons clairs d'un soleil encore estival. Jean-Salvator, sorti à cheval de bonne heure, était bien décidé à profiter au maximum de cette glorieuse journée, d'autant que son séjour à Orth, auprès de sa mère, tirait à sa fin. Dans quelques jours, il retrouverait l'ennui pesant de Linz, mais c'était une idée qu'il préférait écarter.

Au pas, laissant la bride sur le cou de son cheval, il suivit le chemin qui longeait le lac. De cet endroit, les trois châteaux d'Orth semblaient des demeures de rêve dans la légère brume matinale, mais celui des trois qu'il préférait, le château bâti dans le lac même, avait l'air d'un navire aux voiles gonflées qui tire sur ses amarres avant de s'envoler vers la haute mer...

Jean-Salvator aimait cette pittoresque demeure dont les tours se coiffaient de clochers à bulbe d'un gris très doux. C'était une bonne maison, solide et sûre, et l'archiduc s'y sentait chez lui plus que partout ailleurs. Peut-être à cause de ce long et mince pont, si facile à détruire, qui seul le reliait à la rive... En outre, il était sa propriété personnelle.

– Il y faudrait une épouse, des enfants, soupirait parfois sa mère. Pourquoi ne pas te marier, Gianni ?

– Parce que les jeunes filles m'ennuient... et parce qu'aucune de celles que je connais ne vous ressemble !

– Tu as largement passé la trentaine. Il serait temps de fonder enfin une famille... ta famille à toi !

– Pour lui léguer quoi ? La position bâtarde que l'on nous fait ici, où nous ne sommes que les cousins d'Italie recueillis par charité après la perte de la Toscane. Non, mère, je n'ai pas envie de me marier. Mes neuf frères et sœurs se chargeront bien de vous donner les petits-enfants que vous souhaitez. Moi, je veux être libre, au moins, à défaut d'être heureux.

En allant son chemin, l'archiduc songeait à tout cela... et aussi à Vienne dont, depuis un an, il n'avait eu que de rares et brèves nouvelles. Des nouvelles qui ne lui plaisaient pas : privé de son soutien, Rodolphe y menait une vie insensée, usant dans le vin et les filles ses rêves de gloire sans emploi. Il délaissait Stéphanie, son épouse belge qu'il n'aimait pas, et passait d'une maîtresse à l'autre.

Les deux seules fois où Jean-Salvator avait eu l'autorisation de se rendre à Vienne, il ne réussit pas à parler sérieusement avec le prince, ni d'ailleurs avec Szeps, que la police surveillait de près. En fait, la seule chose qui demeurait vivante dans l'immense ennui de sa vie, c'était la haine qu'il vouait à présent à François-Joseph, ce vieillard sévère et buté qui refusait d'enlever ses œillères. Avec passion, Jean-Salvator souhaitait le voir mourir, pour qu'enfin Rodolphe puisse régner.

Soudain, les sinistres pensées qui avaient lentement envahi l'esprit de l'archiduc s'effacèrent. Quelque part sur la rive, quelqu'un chantait et, machinalement, Jean-Salvator, qui adorait la musique, s'arrêta pour écouter, car la voix était d'une pureté extraordinaire et d'une reposante fraîcheur.

Elle semblait venir du lac même, comme si une sirène en était sortie un moment pour admirer la beauté du matin. Le promeneur s'avança de quelques pas, dépassa un petit bois et découvrit enfin la chanteuse : assise au bord du lac, les bras noués autour de ses genoux, elle chantait en regardant l'eau scintillante, aussi simplement, aussi naturellement qu'un oiseau sur sa branche.

Elle chantait « Le Tilleul » de Schubert...

Doucement, Jean-Salvator descendit de cheval, attacha la bête à un arbre et s'avança à travers le bois pour n'être pas vu. Il n'aperçut d'abord qu'une masse épaisse et brillante de cheveux noirs tombant en cascade sur une robe bleu pâle mais quand, alertée par le bruit de ses pas, la chanteuse se retourna il put constater qu'elle était très belle : teint doré, grands yeux sombres, longues jambes, silhouette ravissante et lèvres aussi rouges qu'un cœur de grenade. Tandis qu'il la contemplait, la jeune fille (elle pouvait avoir seize ans) sourit avec un grand naturel à cet inconnu séduisant et si visiblement sous le charme.

– Bonjour ! lança-t-elle gaiement. Vous m'avez presque fait peur.

– Pourquoi presque ? Il serait peut-être bon d'avoir vraiment peur. Je suis peut-être un individu dangereux.

– Sûrement pas ! Vous avez l'air de quelqu'un de bien ! Et puis, il fait trop clair pour les malandrins. Ces gens-là n'aiment que l'obscurité et les chemins creux.

– Me permettez-vous de m'asseoir un moment auprès de vous ?

– Pourquoi pas ? Ce n'est pas la place qui manque, fit-elle en désignant la petite prairie qui l'entourait sur trois côtés. Et le soleil est à tout le monde...

Un moment, ils demeurèrent en silence, contemplant le lac, de plus en plus brillant.

– Pourquoi ne chantez-vous plus ? dit Jean-Salvator au bout de quelques minutes. Vous avez une si belle voix ! J'en ai rarement entendu d'aussi pure. En outre, vous savez vous en servir. Vous avez pris des leçons ?

– Naturellement, puisque je suis chanteuse. Ou plutôt, je vais l'être. Dans un mois, je débute à l'opéra de Vienne, conclut-elle avec un rien de vanité. Si vous aimez ma voix, il faudra venir m'écouter.

L'archiduc promit avec empressement d'aller entendre sa nouvelle amie. Elle se nommait Ludmilla Stubel, plus brièvement appelée Milly, et elle était de très bonne famille bourgeoise. Simple et gaie comme un petit ruisseau de montagne, elle bavardait joyeusement à bâtons rompus, et en l'écoutant, Jean-Salvator se demandait si le destin ne venait pas de lui apporter une réponse aux questions angoissées de son cœur toujours vide. Il sut, tout à coup, que, s'il devait un jour aimer quelqu'un, ce ne pourrait être que cette fille ravissante et limpide, qui le regardait si amicalement à travers l'épaisse frange de ses cils noirs.

Peut-être parce qu'il sentait à présent qu'elle allait tenir une grande place dans sa vie et parce qu'il éprouvait, dans son instinctive défiance italienne, le besoin de sonder cette jeune inconnue, cacha-t-il son identité réelle, se présentant comme étant Johann Müller, ingénieur, en vacances pour quelques jours sur les bords du lac, chez des amis.

Milly, pour sa part, séjournait à Gmunden, une bourgade voisine, avec ses parents. Dans quelques jours, elle repartirait pour Vienne où, très certainement, l'attendaient la gloire et la vie exaltante d'une grande prima donna.

En attendant, les deux jeunes gens, d'un commun accord, décidèrent de se revoir chaque matin au même endroit durant la semaine qui venait de commencer.

Mais lorsque ladite semaine s'acheva, il y avait trois jours qu'il n'était plus du tout question d'amitié entre Jean-Salvator et Milly. Réalistes tous deux et habitués à s'analyser clairement, ils avaient très vite compris qu'ils s'aimaient, d'un grand amour sincère et généreux. Un amour si impérieux qu'au cours de la semaine suivante, Milly, dans la simplicité de son cœur, ne crut pas devoir se refuser à celui qu'elle était si sûre d'aimer pour toujours. Et tout naturellement, elle devint la maîtresse de celui qu'elle croyait bien être un certain Johann Müller...

L'amour qui s'était emparé de Jean-Salvator était si grand, si puissant aussi, qu'il ne put jouer longtemps le rôle qu'il s'était imposé : celui de l'ingénieur Johann Müller, petit bourgeois viennois.

Avant même le jour de la séparation, il apprit à Milly sa véritable identité : elle ne s'était pas donnée à un quelconque garçon, mais à un prince, et à vrai dire, en lui avouant cette vérité, il n'était pas sans appréhension : comment la jeune fille, si simple et si franche, allait-elle prendre ce qui constituait, après tout, un mensonge caractérisé, le premier, et qui pouvait en annoncer d'autres ?

Elle se montra surprise certes, mais sa réaction fut si naturelle qu'elle enchanta le jeune homme.

– Que tu sois prince ou bourgeois qu'est-ce que cela peut faire ? De toute façon, une chanteuse n'est pas faite pour le mariage. Nous pouvons être l'un à l'autre sans scandale. Il n'est personne à Vienne qui ne trouve normal qu'un archiduc ait pour maîtresse une chanteuse, et moi, je ne te demanderai jamais rien de plus que ton amour !

– Tu sais bien que cet amour, tu le garderas tant que je vivrai, Milly ! Mais moi, je voudrais tant que tu deviennes ma femme.

– Ludmilla Stubel, archiduchesse d'Autriche ? Tu sais bien que c'est impensable. Même lorsque le prince Rodolphe, ton cousin, sera devenu empereur, il ne pourra pas te permettre une telle folie. Mais puisque nous sommes heureux, n'est-ce pas suffisant ? Contentons-nous de cela...

– Peut-être, mais laisse-moi au moins te présenter à ma mère. Elle est merveilleuse, elle comprendra.

Et, la veille de son départ pour Vienne, la future cantatrice de l'Opéra pénétrait, plus morte que vive, dans le grand château d'Orth pour y faire la révérence devant l'ex-grande duchesse de Toscane. Elle avait certainement beaucoup plus peur que s'il s'était agi de l'empereur en personne.

Les choses, pourtant, se passèrent bien simplement.

– Mère, dit Jean-Salvator, voici Milly. Elle chante comme un ange, elle m'aime... et je l'aime !

– Alors, je l'aimerai aussi, fut la simple réponse, et jusqu'au soir, Milly, émue et conquise, chanta pour la mère et pour le fils.

De retour à Vienne, la jeune fille rencontra tout de suite le succès. Quant à celui qu'elle appelait à présent Gianni, comme sa mère, il fit dans la capitale des incursions beaucoup plus fréquentes, s'octroyant des permissions que personne d'ailleurs ne songeait à refuser à un colonel. Ni lui ni Milly ne pouvaient plus vivre séparés qu'au prix de pénibles efforts.

À Vienne, l'archiduc revit Rodolphe, toujours entre deux amours, et Maurice Szeps, toujours aussi étroitement surveillé. Ce fut un tort, car bientôt on trouva en haut lieu ses voyages trop fréquents, et un beau jour, le jeune homme apprit par son général qu'on ne souhaitait plus lui voir quitter Linz aussi souvent. C'était la catastrophe : comment revoir Milly si Vienne lui était interdit ?

Ce fut Milly qui trouva la solution, une solution qui donnait la juste mesure de son amour.

– C'est à moi d'aller vers toi, dit-elle simplement.
Et tout aussi naturellement qu'elle s'était donnée, Milly, abandonnant une belle carrière, fit ses adieux à l'Opéra et vint s'enterrer au fond de la province pour y vivre discrètement auprès du prince qu'elle aimait.

– Désormais, tu seras ma carrière, lui dit-elle en se jetant à son cou sur le quai de la gare de Linz. Je n'ai plus rien d'autre à faire au monde que de t'aimer.

Ce fut pour l'exilé le bonheur, mais comme la satisfaction de son sort n'est pas le propre de l'homme, ce bonheur, si grand fut-il, n'éteignit pas chez l'archiduc la soif de pouvoir qui l'habitait. Et justement, une occasion se présenta tout à coup à lui : la Bulgarie, qui venait de déposer son roi, s'en cherchait un autre.

Or, la Bulgarie, position clef des Balkans, avait toujours été au centre des préoccupations de Jean-Salvator et de Rodolphe dans leur projet d'États fédérés. Aussi, après un bref échange de lettres avec son cousin, l'amant de Milly se décida-t-il à un coup d'éclat : proposer sa candidature au trône vacant.

Il le fit ouvertement, avec une sorte de bravade au destin, qu'il espérait ainsi forcer à lui donner sa revanche sur François-Joseph. Mais on ne prenait pas de revanche contre l'empereur, on ne luttait pas avec lui... Non seulement Jean-Salvator ne devint pas roi de Bulgarie, mais encore, il dut essuyer l'une des plus terribles colères impériales.

Relevé définitivement de ses fonctions militaires, rendu sans préavis à la vie civile, celui qui aurait pu être l'un des plus grands stratèges européens reçut l'ordre de se retirer dans son château d'Orth, et malgré la tendre présence de Milly, le coup fut terrible. Jean-Salvator se sentit vaincu, anéanti, fini et, s'il réussit à ne pas sombrer après cette chute verticale, cette fois, ce ne fut pas grâce à l'amour, mais bien grâce à la haine. Associé à Rodolphe, qu'il revit souvent secrètement et qui rongeait son frein à Vienne, il se lança dans un complot contre l'empereur qui frisait la haute trahison.

Les deux cousins tournèrent vers la Hongrie, toujours en semi-révolte, leurs regards et leurs aspirations. Ils fomentèrent une insurrection au terme de laquelle Rodolphe pourrait coiffer la couronne hongroise, tandis que Jean-Salvator se contenterait de celle d'Autriche, à moins de se tailler un royaume d'Istrie-Dalmatie. Ils envisageaient une fédération qui s'étendrait du lac de Constance à la mer Égée.

À leur service, les presses de Szeps s'activaient dans la clandestinité, semant le grain dans les esprits, entretenant des espoirs. Pendant ce temps, Jean-Salvator, qui s'était institué le commis-voyageur de la fédération, circulait sans cesse hors d'Autriche avec Milly, préparant des contacts, entretenant des intelligences, s'assurant des secours. Il avait repris à la vie un goût ardent, car tous les espoirs lui semblaient désormais permis. Et puis...

Et puis, un matin d'hiver, les échos d'une épouvantable nouvelle firent lever la tempête sur le Traunsee, le lac des premières amours, où Gianni et Milly étaient revenus passer les fêtes de Noël, une nouvelle dont l'archiduc révolté pensa mourir de saisissement : à Mayerling, Rodolphe venait de se suicider en compagnie de la petite baronne Vetsera que lui avait jetée dans les bras quelques mois plus tôt sa malfaisante cousine, la comtesse Larisch-Wallersee.

Longtemps, Jean-Salvator chercha à comprendre ce qui s'était passé au juste. Était-ce vraiment l'amour qui avait mené Rodolphe à cette fin insensée, ou bien le complot hongrois, à présent découvert, avait-il conduit le prince à l'issue fatale par crainte des graves responsabilités qui pouvaient, d'un moment à l'autre, lui incomber ? Puisque les affaires de Hongrie devenaient si brûlantes, le fils de François-Joseph avait-il reculé devant le coup de force qui seul, à présent, pouvait lui donner la victoire en abattant son père... ou bien l'affaire Vetsera n'était-elle qu'un prétexte, un alibi, destiné à masquer le drame réel, celui de la suppression d'un dangereux conspirateur ?

Quoi qu'il en fût, les coups de feu de Mayerling firent, en réalité, quatre victimes car, le premier moment de désespoir passé, Jean-Salvator réagit de façon aussi étrange qu'imprévisible.

– Je ne dois plus, je ne veux plus... je ne pourrai plus jamais mener la vie qui était mienne jusqu'ici, dit-il à Milly. Je refuse mon titre d'archiduc ainsi que celui d'Altesse impériale. Je ne veux plus être un fantoche prétentieux, un mannequin démodé manipulé par un vieillard féroce ; je veux être un homme libre, relever de ma seule conscience et ne plus dépendre que de moi-même, dans la pleine liberté de penser tout haut et d'agir à ma guise. J'entends vivre désormais sur les seuls revenus de ma fortune personnelle, qui n'est pas grande, et sans plus jamais coûter au trésor impérial un seul kreutzer...

Milly n'était pas de celles qui discutent quand leur maître et seigneur a pris une décision. Quelque temps après, malgré les supplications de sa famille, effrayée des conséquences de son geste, Jean-Salvator écrivait à l'empereur pour lui faire connaître, dans toutes les formes de respect requises, sa décision de renoncer à son rang, à ses titres, apanages et prérogatives, pour n'être plus qu'un simple sujet autrichien sous le nom de Johann Orth.

Trop cruellement frappé par la mort de son fils pour éprouver la moindre indulgence envers ce rebelle qu'il rendait en partie responsable des errements de Rodolphe, François-Joseph répondit par un décret qui allait plus loin encore, enlevant au révolté la nationalité autrichienne et lui interdisant de résider dans les limites de l'Empire.

Selon des témoins dignes de foi, une ultime et affreuse scène aurait confronté le vieil empereur et l'ex-archiduc, une scène dont le secret n'a point été révélé, mais dont les éclats auraient réussi à percer les murs cependant épais de la Hofburg. Mais quand, blanc de rage, Jean-Salvator descendit le grand escalier du palais impérial, il savait que plus jamais de sa vie, il ne le remonterait.

Rentré chez lui, dans le petit appartement de l'Augustinerbastei qu'il occupait avec Milly lors de leurs séjours à Vienne, il fit part à la jeune femme de sa décision de quitter l'Autriche, et même l'Europe, pour aller commencer au loin une vie nouvelle.

– Tu es libre, Milly, de me suivre ou non. L'exil est une épreuve pénible, même quand on aime.

– Je suis prête à te suivre où tu voudras, même au bout du monde s'il le faut. Tu sais bien que ma vie, c'est toi et toi seul.

Rassuré de ce côté, il restait à Jean-Salvator un devoir à remplir avant de s'éloigner : reprendre à la comtesse Larisch certain coffret de fer que Rodolphe, avant de partir pour Mayerling, lui avait confié avec prière de le remettre à qui le lui réclamerait en donnant, comme signe de reconnaissance, les quatre lettres gravées sur le couvercle : R.I.U.C.

Par une nuit glaciale, la comtesse, assez effrayée, reçut un ordre mystérieux : celui de se rendre avec le coffret dans les jardins de la place Schwartzenberg.

Il était tard, l'endroit était solitaire et la cousine de Rodolphe, plus morte que vive, vit venir à elle un homme coiffé d'un grand chapeau noir qui lui jeta les quatre lettres convenues. Elle lui tendit la cassette, mais la nuit n'était pas encore assez sombre pour que ses yeux aigus n'aient point reconnu Jean-Salvator.

– Est-ce que vous ne craignez pas, monseigneur, que ce dépôt vous fasse courir un grand danger ? murmura-t-elle.

– Et pourquoi donc, comtesse ? Sachez ceci : moi aussi, je mourrai. – Puis, après une courte réflexion il ajouta, sarcastique : – Je mourrai, mais je resterai en vie...

Quelques instants plus tard, il avait disparu, absorbé par les ombres de la nuit.

Le 26 mars 1890, le brick-goélette *Santa Margharita*, aux ordres du capitaine Södich, quittait Portsmouth avec, à son bord, le propriétaire du bateau, un Autrichien nommé Johann Orth. Le navire traversa l'Atlantique et toucha terre à Buenos-Aires.

De là, le 10 juillet, Johann Orth écrivait à l'un de ses amis viennois, le journaliste Paul Henrich, pour lui dire qu'il était satisfait de son voyage et qu'il se disposait à le continuer afin d'explorer la Patagonie, la Terre de Feu et les abords du cap Horn. Mais il comptait prendre lui-même le commandement de la *Santa Margharita,* ayant dû laisser à terre le capitaine Södich, sans doute peu disposé à un voyage aussi dangereux. Le départ était prévu pour le jour-même.

La *Santa Margharita* mit donc à la voile et prit la direction du sud. Nul ne devait jamais la revoir ni même en entendre seulement parler. L'énigme Johann Orth commençait, car nulle part il ne fut possible de relever la moindre trace. Navire et équipage, passagers et commandant, tout disparut comme si une main géante les avait tout à coup effacés de la surface de la mer. Pas la moindre épave n'apparut, en admettant qu'il y ait eu naufrage, malgré les recherches extrêmement minutieuses entreprises sur l'ordre de François-Joseph qui, malgré sa rancune, envoya un navire à la recherche des disparus. Au bout de quelque temps, d'ailleurs, la cour de Vienne annonçait officiellement la disparition du prince de Toscane. Et pourtant...

Et pourtant, la mère de Jean-Salvator ne prit jamais le deuil d'un fils que cependant elle adorait et cela jusqu'à sa mort, survenue en 1898. Et pourtant, les familles des marins de la *Santa Margharita* ne présentèrent jamais la moindre réclamation, la moindre demande de secours. Et pourtant, d'étranges affaires d'assurance purent laisser supposer que l'archiduc n'était pas mort et que le navire perdu toucha terre à La Plata, en décembre 1890.

Alors, le phénomène habituel aux disparitions princières se produisit : nombre de gens prétendirent avoir rencontré Johann Orth qui au Chili, qui en Afrique occidentale, qui en Patagonie, qui même dans l'île Juan Fernandez où avait vécu Robinson Crusoe, qui enfin en Inde, accompagné de Milly et de leurs enfants car, bien sûr, Milly elle aussi disparut sans que personne pût suivre sa trace.

Or, chose étrange, ceux qui prétendaient avoir rencontré Jean-Salvator ne faisaient aucune mention de la jeune femme, à l'exception d'une rocambolesque histoire due tout entière à l'imagination inépuisable de l'incurable comtesse Larisch-Wallersee, qui prétendait avoir retrouvé le jeune couple dans un massif montagneux au cœur de la Chine...

Reste un dernier témoignage, le dernier, le plus convaincant aussi : celui d'un voyageur français, le comte Jean de Liniers.

Celui-ci aurait rencontré en Patagonie, au pied du volcan Fitz-Roy, un étrange ranchero, Fred Otten, vivant là en compagnie d'un Anglais et d'un Allemand. Ce Fred Otten lui aurait avoué, un jour, n'être autre que le mystérieux Johann Orth. Quant à Milly, il aurait rompu avec elle avant même de quitter l'Angleterre. Mais en ce cas, que serait devenue la jeune femme et pourquoi n'aurait-elle laissé aucune trace elle non plus ?

Deux ans plus tard, le comte de Liniers retourna aux abords du volcan. Mais cette fois, il ne trouva plus qu'une tombe. Était-ce celle de Jean-Salvator ? Ou bien faut-il chercher ailleurs, au Brésil peut-être où l'ancienne famille impériale aurait peut-être beaucoup à dire sur la disparition si mystérieuse de la quatrième victime de Mayerling.

EMPEREURS D'ALLEMAGNE...

Le romantique amour de Guillaume Ier

Le 18 janvier 1871, dans la prestigieuse galerie des Glaces du château de Versailles, la France, vaincue, connaissait la pire des humiliations. Dans le plus beau palais de l'univers, dans ce palais où s'étaient déroulés deux siècles, parmi les plus glorieux de la France, l'empire allemand était proclamé...

Ainsi l'avait voulu Bismarck, le chancelier de fer, l'homme qui n'avait jamais su voir dans la France autre chose qu'un pays commode pour y faire éclore ses amours. Et, sous le dais de soie et d'or que l'on avait installé pour la circonstance, le roi Guillaume de Prusse devint l'empereur Guillaume Ier.

Si l'empire était jeune, lui ne l'était plus. C'était un vieil homme de soixante-quatorze ans, dur et taciturne, un géant assez semblable à l'homme qui l'avait mis où il était. La France n'avait pour lui que de la haine, une haine bien légitime, mais il s'en souciait peu. En dehors de la couronne impériale qui allait coiffer son front têtu rien ne l'intéressait plus vraiment en ce bas monde. Il avait une femme, qu'il n'avait jamais aimée, des enfants, des petits-enfants, mais son cœur, enfoui depuis longtemps sous l'uniforme et les décorations, ne se manifestait plus que rarement. Et peut-être le peuple transi, haineux, qui, la colère et les larmes au fond des yeux, regardait briller dans la brume le fantôme de pierre de ses gloires éteintes eût-il un peu moins souffert s'il avait pu deviner que le vieil empereur vers qui Bismarck faisait monter des volées d'acclamations guerrières n'en entendait peut-être pas grand-chose. Peut-être, au lieu des ors de Versailles, voyait-il au fond de sa mémoire ceux de Charlottenburg et, sous les lustres illuminés d'un soir de bal, une jeune fille blonde, en robe blanche, qui dansait...

Tout avait débuté cinquante ans plus tôt, au mois de juin 1820 quand le roi Frédéric-Guillaume III de Prusse, père de Guillaume, avait commencé d'éprouver quelques soucis au sujet de son fils cadet. En effet, depuis quelques semaines le jeune Guillaume, vingt-trois ans, donnait des signes indubitables et inquiétants de dérangement sentimental.

L'évidence voulait que le jeune prince ne mangeât plus guère, eût perdu le sommeil et, rêvant plus souvent qu'à son tour, affichât un peu partout et en toutes circonstances, même pendant les revues militaires, une mine songeuse et romantique tout à fait susceptible d'attendrir le cœur sensible des jeunes Berlinoises, mais absolument incompatible avec un grade de colonel. Et les potineuses de la Cour chuchotaient volontiers, dans les couloirs de Charlottenburg, que l'objet de la passion cachée du jeune homme était une ravissante fille de seize ans, la petite princesse Élisa, fille du prince Antony-Henryk Radziwill, gouverneur de Posen. Or, le roi de Prusse, s'il adorait les commandements lancés à plein gosier, avait positivement horreur des chuchotements...

Afin d'éclairer plus sûrement sa lanterne sur cette affaire, le roi, après mûres réflexions, décida de la confier à un homme qu'il avait en haute estime et tenait pour le plus fin psychologue de son royaume : le comte von Schilden, grand maître des cérémonies.

– On parle un peu trop du prince Guillaume, ces temps-ci, lui dit-il. Je n'aime pas cela et je souhaiterais que vous vous livriez, mon cher comte, à une enquête discrète mais approfondie sur les sentiments que l'on prête à mon fils touchant la petite Radziwill. L'aime-t-il et, dans l'affirmative, jusqu'où les choses ont-elles été poussées? Pas trop loin, j'espère, car il convient que le prince apprenne qu'un homme de son rang, même s'il n'est pas destiné au trône, ne se marie pas pour son plaisir, mais bien pour le bonheur de son pays. Alors? Que savez-vous ?

– L'opinion de la cour veut... que le prince soit réellement épris, Sire. Mais l'opinion de la cour n'est que...

– L'opinion de la cour ! J'entends bien. Mais que pense-t-on ? De quel œil voit-on cette idylle, si idylle il y a?

Von Schilden fit toute une histoire de sortir son mouchoir et s'en éponger le nez, car cela lui donnait quelques secondes pour réfléchir. Encore, quand il se décida à répondre, fut-ce sur le mode prudent :

– D'un œil que je qualifierais... d'assez attendri, Majesté ! La jeune princesse Élisa est tout à fait charmante. Elle est, en outre, de très grande famille, et Votre Majesté sait combien les gens d'ici sont sensibles aux histoires d'amour. La jeunesse du prince, sa tournure pleine d'élégance, son charme font que...

– Il suffit, comte ! Je ne désire pas que vous me régaliez de je ne sais quel mauvais roman bâti par les commères du palais. Ce que je veux, c'est être fixé sur la chaleur exacte des sentiments de mon fils et surtout, surtout, savoir s'il a déjà parlé mariage à cette péronnelle. Allez et venez ensuite me faire un rapport détaillé !

Le pauvre von Schilden sortit du cabinet royal assez encombré de sa mission. Comme tout le monde à Berlin, il avait remarqué le penchant visible que témoignait le second fils du roi à l'exquise Élisa et, comme tout le monde également, il avait trouvé que les choses semblaient aller pour le mieux dans le meilleur des mondes. La jeune fille était de vieille noblesse polonaise, de sang princier et sa famille était même alliée à la famille royale prussienne. Et comme le rang de second fils qu'occupait Guillaume ne l'obligeait pas impérativement à épouser une princesse royale, von Schilden estimait que ce mariage-là était souhaitable à tous points de vue. Mais sa conversation avec le roi remettait tout en question. Il y avait surtout ce mot désobligeant, cette épithète de « péronnelle » qui, appliquée par Frédéric-Guillaume III à la petite Radziwill, semblait indiquer qu'il ne la portait pas dans son cœur.

En réalité, la psychologie tant vantée du grand maître des cérémonies se bornait à une connaissance approfondie de la cour, de ses composants, de ses us et coutumes et de sa minutieuse étiquette. Ne sachant comment se tirer de sa commission, il pensa que le plus direct serait le mieux et, sans plus tarder, s'en alla tout bonnement trouver l'intéressé pour lequel d'ailleurs il éprouvait, comme à peu près tout Berlin, une espèce de tendresse.

À vingt-trois ans, Guillaume de Prusse était en vérité un fort beau garçon, très grand, bâti en athlète et pourvu d'épaules qui savaient à merveille porter l'uniforme. Ses cheveux blond clair couronnaient un front plus haut et plus intelligent que la moyenne. Ses yeux, d'un bleu candide, corrigeaient ce que son nez droit et ses lèvres serrées pouvaient avoir d'un peu sévère. Le teint était rose et frais, la main nerveuse, le pied élégant et, sous cet aspect général, le jeune Guillaume jouissait auprès des femmes d'une grande popularité.

En le rejoignant dans le beau parc tracé jadis par Lenôtre, le fameux jardinier du roi français Louis XIV, von Schilden pensa, en soupirant intérieurement, qu'il était vraiment dommage de troubler le bonheur d'un garçon aussi sympathique. Mais les ordres étaient les ordres et il ne faisait pas bon désobéir au roi de Prusse.

– Pardonnez-moi de vous avoir fait venir jusqu'ici, commença le prince, mais vous savez, mon cher comte, à quel point je déteste les salons. Je ne suis jamais si heureux qu'en pleine nature. Voulez-vous que nous fassions quelques pas le long de la Spree ?

– Aux ordres de Votre Altesse royale ! Je la remercie vivement, au contraire, du caractère intime qu'elle veut bien donner à notre entretien... caractère qui, d'ailleurs, me semble convenir en tout point au genre de mission dont je suis chargé par Sa Majesté le roi.

Si ce préambule inquiéta Guillaume, il n'en montra rien :

– Par le roi ? Diable ! Eh bien, Monsieur, parlez ! Me voilà tout prêt à vous écouter.

Malgré la beauté du décor, von Schilden aurait bien voulu être ailleurs mais il fallait se jeter à l'eau. Avec beaucoup de détours et de circonlocutions, il réussit enfin à mettre Guillaume au courant de son entrevue avec son royal père.

– Voilà ! soupira-t-il en conclusion et avec un soulagement tout intime. En résumé, je suis chargé d'apprendre de Votre Altesse royale si elle aime ou n'aime pas.

Guillaume n'eut pas l'ombre d'une hésitation.

– J'aime, comte von Schilden, j'aime de toute mon âme ! Malheureusement, j'ignore à cette heure si je suis aimé...

Le soulagement de l'ambassadeur augmenta. Dieu soit loué, il n'avait pas encore été question de mariage ! C'était tout ce qui comptait car, pour le reste, à bien considérer l'élégante silhouette du prince, son beau visage et son charme, l'hypothèse que son amour ne fût pas payé de retour relevait de la plus folle illusion. Si la belle Élisa n'aimait pas ce garçon-là, elle n'aimerait jamais personne ! Ou alors, elle était folle !... Mais Guillaume n'avait pas fini de parler :

– Certes, soupira-t-il, la princesse Élisa semble me voir avec faveur, et même avec plaisir. Mais je ne me suis pas cru encore autorisé à lui parler d'amour. D'autre part...

Von Schilden retint son souffle.

– D'autre part ?

– Je n'ignore pas, poursuivit Guillaume avec un sourire plein de mélancolie, je n'ignore pas qu'un mariage avec elle pourrait rencontrer quelque résistance de la part de mon père, qui a parfois des idées imprévisibles. Ce pourrait être le seul obstacle car, en dehors de cela, je n'en vois aucun autre possible. Les Radziwill sont d'aussi vieille noblesse que les Hohenzollern et la mère d'Élisa, elle-même, nous est cousine puisqu'elle est la nièce du Grand Frédéric.

– Votre Altesse sait la prédilection de Sa Majesté pour les princesses étrangères.

– Est-ce qu'Élisa ne serait pas polonaise ? fit Guillaume avec un sourire quelque peu ironique.

– Votre Altesse sait ce que je veux dire. La Prusse a tant souffert du fait de ce damné Napoléon (Sainte-Hélène veuille le garder !) que le roi cherche à se procurer le plus d'appuis possibles hors des frontières du royaume.

– Je sais tout ce que je dois à la mémoire de ma mère bien-aimée [1], soupira le prince, et c'est la raison pour laquelle, jusqu'à présent, je n'ai pas laissé parler mon cœur. Voilà, comte von Schilden, ce que vous pouvez rapporter au roi. Ajoutez que, si c'est là sa volonté, je ferai tout pour oublier un amour qui n'aurait pas son approbation, mais que je le supplie de considérer qu'il ne s'agit pas là d'une amourette... mais bien d'un grand, d'un profond amour.

Et, tournant le dos au messager, le prince s'éloigna les mains nouées derrière le dos, pour continuer seul sa promenade au bord de l'eau lente où se reflétaient les buissons de roses et les derniers rayons du soleil.

Frédéric-Guillaume III se montra assez satisfait des résultats obtenus par von Schilden. L'obéissance dont faisait preuve son fils était encourageante, mais sachant que les forces humaines ont des limites quand il s'agit d'amour, il pensa qu'il pouvait être bon de prendre quelques précautions.

– Dans ces conditions, confia-t-il à son émissaire, je ne veux ni ne peux interdire au prince Guillaume de rencontrer la princesse Élisa. Mais vous veillerez personnellement, von Schilden, à ce que l'un de mes aides de camp accompagne toujours mon fils lorsqu'il se rendra au palais Radziwill. Encore que

1. La célèbre reine Louise de Prusse que Napoléon rencontra à Tilsitt.

nous ignorions les sentiments de cette jeune fille, il vaut mieux ne pas tenter le diable !

Les sentiments d'Élisa ? Ils étaient d'une évangélique simplicité : elle adorait Guillaume depuis deux ans déjà, et malgré son jeune âge, savait parfaitement qu'elle n'aimerait jamais personne d'autre.

Depuis qu'elle avait fait, tout récemment, son entrée dans le monde, la jolie Polonaise n'imaginait pas que la vie pût être autre chose qu'une suite continuelle de fêtes où elle danserait avec Guillaume, de chasses où elle suivrait Guillaume, de revues où elle applaudirait Guillaume, et de délicieux instants de solitude à deux où elle vénérerait Guillaume en toute tranquillité. Et elle n'avait eu aucun besoin qu'il avouât son amour pour tout savoir de cet amour. Leur tendresse mutuelle devait être inscrite de toute éternité dans le ciel pour servir d'exemple à tous les amoureux de la terre : exactement comme Roméo et Juliette mais en espérant tout de même que les choses se termineraient mieux !

Il est vrai que lorsqu'elle consultait son miroir, celui-ci se montrait très encourageant. Elle pouvait y voir l'image blonde et rose d'une frêle mais délicieuse jeune fille, dont le charme et l'éclat évoquaient irrésistiblement les porcelaines de Saxe. Elle était intelligente, de surcroît, cultivée, bonne musicienne. Ses seuls défauts apparents se bornaient, car elle avait une âme exquise, à une étourderie bien excusable à son âge et à une propension marquée à la taquinerie. Ainsi, adorait-elle « faire enrager » Guillaume quand il venait chez ses parents pour l'une de ces longues visites au cours desquelles tous deux se conduisaient comme des enfants joueurs. Mais à d'autres moments, Élisa et Guillaume pouvaient garder le silence des heures durant, et il leur arrivait de se promener côte à côte au jardin sans échanger un seul mot, surpris, l'un et l'autre, de s'apercevoir qu'un silence pouvait être si éloquent.

Hélas, après l'intervention de von Schilden, intervention que la jeune fille ignorait bien entendu, ces agréables relations se modifièrent sensiblement.

D'abord, pendant une mortelle quinzaine, Guillaume ne mit pas les pieds au palais Radziwill. Bien plus : invité à une réception, il s'était excusé par un billet court et protocolaire qui alléguait un subit départ en manœuvres avec son régiment. Le billet était adressé à la mère d'Élisa et la pauvre enfant attendit en vain une lettre de son ami. Mais il y eut pire !

Par un bel après-midi, Guillaume reparut enfin. Élisa, tout heureuse, se précipita à sa rencontre comme elle en avait l'habitude lorsqu'elle reconnaissait dans la cour le pas de son cheval, en criant :

– Guillaume ! Mon cher prince ! Enfin, vous voilà ! Que je suis heureuse !

Son élan se brisa sur la dernière marche du bel escalier de marbre car, au lieu de faire la moitié du chemin vers elle, les mains tendues, selon son habitude le cher Guillaume se figea en une sorte de garde-à-vous et cassa méthodiquement en deux parties égales son grand corps, en un salut des plus protocolaires. Cependant, un vieux général, debout derrière lui comme s'il prétendait remplacer son ombre, en faisait autant :

– Heureux de vous revoir, Élisa ! La princesse, votre mère, veut-elle bien me recevoir ?

La jeune fille fut si douloureusement surprise qu'elle resta sans voix. Qu'est-ce que c'était que ce vieux général et pourquoi donc Guillaume l'avait-il amené ? Le prince dut comprendre la muette interrogation de son amie, car il se retourna légèrement vers son mentor.

– J'allais oublier de vous présenter le général von Hersfeld que le roi, mon père, a spécialement chargé de veiller sur moi.

Pour une fois, le sens de l'humour d'Élisa se trouva en défaut. Pourquoi diable Guillaume avait-il besoin que l'on veillât sur lui quand il venait la voir ?

– Ma mère est là, dit-elle enfin machinalement. Je vais vous annoncer.

Et refoulant ses larmes, elle retourna dans le vestibule du palais, suivie de Guillaume et du vieux général...

Jamais visite ne fut plus lugubre que celle du prince Guillaume, flanqué de son vieux général-mentor, à la princesse Radziwill. Celle-ci regardait tour à tour sa fille, Élisa, dont le chagrin visible ne lui échappait pas, et le prince qui, à la lettre, semblait avoir avalé son sabre. La jeune fille, elle, était au fond du désespoir. Jamais encore elle n'avait éprouvé cette impression d'abandon, de solitude et de déchirement. On lui avait changé son cher Guillaume !

Pour tenter de secouer l'angoisse qui venait, elle essaya une diversion, se leva :

– J'allais oublier de vous dire, cher Guillaume, que nous avons de nouveaux poneys et ils sont absolument magnifiques. Voulez-vous les voir ?

Le prince se leva instantanément, comme mu par un ressort mais sans quitter pour autant son air guindé :

– J'en serai enchanté. Je vous suis.

Si Élisa éprouva quelque joie de l'arracher enfin au salon, cette joie fut de courte durée. Le vieux général s'était levé du même mouvement que Guillaume et se mettait en devoir de lui emboîter le pas. Son espérance d'être seule un moment avec celui qu'elle aimait s'évanouit en fumée. Où étaient les douces causeries de naguère ? Et comment laisser parler son cœur sous l'œil sourcilleux d'un vieux militaire aux jambes en cerceau ?

Elle reprit courage à l'idée qu'il y avait bal au palais royal quelques jours plus tard et qu'en général, Guillaume, les danses d'obligation, donc les « corvées », achevées, ne dansait guère qu'avec elle.

Hélas ! bien qu'avant de quitter le palais Radziwill son miroir lui eût affirmé qu'elle était ravissante, le cher Guillaume ne l'invita qu'une seule fois et quand, la danse terminée, il la conduisit au buffet pour un rafraîchissement, force fut à la jeune fille de constater... que le général von Hersfeld les avait suivis comme leur ombre. Aussi, en rentrant chez elle après ce bal affreux, la pauvre enfant ne trouva-t-elle qu'une chose sensée à faire : se jeter sur son lit en sanglotant.

« Il ne m'aime plus !... balbutiait-elle entre deux crises de larmes. Il ne me voit même plus ! Peut-être que je me suis trompée ! Peut-être qu'il ne m'a jamais aimée ?... Oh ! Guillaume ! Guillaume !... Pourquoi ? »

Plus avertie, Élisa eût remarqué la tristesse évidente du prince et, peut-être aussi, les regards douloureux qu'il lui lançait à la dérobée. Mais elle était l'innocence même et, en outre, légèrement myope.

En fait, le malheureux Guillaume endurait le martyre. Il adorait Élisa, il l'aimait même plus que jamais. Il lui fallait employer toutes ses forces pour se maîtriser en sa présence et demeurer fidèle à la ligne de conduite impitoyable qu'il s'était imposée. Mais en vérité, c'était de plus en plus difficile, de plus en plus cruel, et le pauvre garçon se demandait combien de temps encore il pourrait endurer stoïquement son supplice.

Or, un soir, au moment de prendre congé de la princesse Marie, mère d'Élisa, à l'issue d'une fête au palais Radziwill, les nerfs trop tendus du malheureux craquèrent brusquement. Pendant toute la soirée Élisa l'avait fui comme la peste. Elle n'avait même pas souri quand il était arrivé, et cet éloignement dédaigneux de sa bien-aimée, c'était plus qu'il n'en pouvait supporter...

Ce fut affreux ! En portant à ses lèvres la main de la princesse Marie, Guillaume éclata en sanglots tellement désespérés qu'ils causèrent, naturellement, une grande sensation dans l'assistance. Une sensation telle qu'en apprenant l'incident, le grand maître des cérémonies, von Schilden, qui croyait l'affaire Radziwill définitivement enterrée, pensa en défaillir d'horreur.

Mais les pâmoisons de von Schilden, Guillaume n'en avait cure. Il en avait assez de souffrir et, à peine rentré chez lui, il se jetait sur son bureau et griffonnait fiévreusement quelques mots :

« Je vous aime ! Je n'ai jamais aimé et n'aimerai jamais que vous... et je n'ai même pas le droit de vous le dire... »

En recevant ce billet, Élisa, une fois de plus, éclata en sanglots mais cette fois c'étaient des larmes de bonheur et de soulagement. Jamais elle n'avait eu aussi peur...

Durant l'hiver 1821, de grandes fêtes furent données au palais royal de Berlin en l'honneur de la princesse Charlotte, sœur de Guillaume, qui avait épousé le grand-duc Nicolas, héritier du trône de toutes les Russies, et qui venait en visite avec son époux. Des bals, des concerts, des tableaux vivants, des festins se succédèrent, et la jeune Élisa participa naturellement à toutes ces réjouissances avec le bel enthousiasme de son âge et du fait que son ciel personnel n'avait plus de nuages. Elle vivait en plein rêve, ne voyant plus dans toutes ces foules brillantes que son cher, son unique Guillaume, dédaignant même les hommages que sa beauté lui attirait de la part du prince héritier Frédéric-Guillaume... Il n'était que le frère de son bien-aimé !

Quant à celui-ci, il nageait en plein romantisme, avec la bizarre sensation qu'il risquait à chaque instant de périr étouffé par l'intensité de son amour. Un soir, ce solide gaillard faillit même s'évanouir en voyant, dans l'un des tableaux vivants, son Élisa jouer, sous des mousselines azurées, le rôle d'une jeune houri retenue par de féroces gardiens à la porte du Paradis. Son âme sensible avait vu là un symbole affligeant.

Un autre soir, à un bal où elle était apparue vêtue d'une robe de soie blanche garnie de cygnes neigeux, il l'avait trouvée si belle qu'il avait été à deux doigts de se mettre à pleurer de nouveau. Jamais on n'avait aimé comme il aimait ! Jamais la sentimentalité prussienne n'avait atteint de tels sommets chez un prince !

Cependant, il y avait à la cour quelqu'un à qui cet étrange comportement n'avait pas échappé.

La princesse Charlotte, devenue par la grâce de son mariage et de l'église orthodoxe russe la grande-duchesse Alexandra Fedorovna, en attendant d'être tsarine, avait toujours éprouvé pour son jeune frère une secrète préférence. Elle le connaissait bien et son côté amoureux transi, pour être nouveau, ne lui avait pas échappé. Elle entreprit un beau matin de le confesser.

– Dis-moi, Guillaume : cette petite Élisa, tu l'aimes ?

– Si je l'aime ! Je l'adore et je n'arrive pas à imaginer l'existence sans elle. Renoncer à elle, c'est une idée qui m'est de plus en plus pénible à mesure que le temps passe et je ne croyais pas qu'il était possible de tellement souffrir d'amour.

– C'est à ce point-là ?

– C'est pire encore ! Si elle ne devient pas mon épouse, la vie ne sera plus pour moi qu'une interminable corvée !

– Ne dramatisons pas. Tu sais quelle affection j'ai pour toi et cela me peine profondément de te voir malheureux. Je te promets de travailler à ton bonheur de toutes mes forces. Elle est charmante, cette petite, et je vois bien qu'il s'agit là d'un véritable amour.

– Tu es bonne. Mais que pourrais-tu faire ?

– Au moins parler à notre père. J'ai tout de même quelque crédit auprès de lui. N'oublie pas que je serai impératrice...

Elle ne perdit pas une seconde pour mettre son projet à exécution. Malheureusement, elle eut le chagrin de trouver le vieux Frédéric-Guillaume fermement accroché à ses positions : le mariage Radziwill était « im-pos-si-ble » ! Seule, une princesse royale pouvait convenir à Guillaume.

Désolée, Charlotte se retira après une heure de discussion acharnée et regagna ses appartements sans avoir le courage d'aller rendre compte de son échec. Ce fut von Schilden que Guillaume vit arriver, dépêché par le roi, bien entendu, et avec ordre de le chapitrer.

C'était plus qu'il n'en pouvait supporter.

– Au moins que l'on me laisse m'éloigner si l'on me refuse de l'épouser ! Pourquoi m'obliger à ce supplice quotidien de la voir, jour après jour, sans jamais pouvoir l'atteindre ?

Et plantant là le malencontreux messager, il courut s'enfermer dans son cabinet dont la porte claqua derrière lui...

Or, ce cri de douleur vraie réussit à toucher le roi. Il consentit tout de même à réunir une commission chargée d'étudier les quartiers de noblesse des Radziwill afin de voir s'il n'était véritablement pas possible de conclure tout de même ce mariage. Bien entendu, le président en fut l'indispensable von Schilden...

Pendant des jours, et des jours on agita des parchemins, on remua des tonnes d'archives et de poussière, mais, en vérité, sans y mettre de véritable bonne volonté. Cependant tout ce grand remue-ménage n'était pas nécessaire car la généalogie de ces princes qui avaient donné une reine à la Pologne était des plus hautes. Il n'y aurait même pas eu le moindre problème, sans l'entêtement bien connu de Frédéric-Guillaume et la peur qu'avaient les gens de la commission de lui déplaire.

Pendant ce temps, Guillaume, lui, revivait. Chaque jour, il rencontrait Élisa, chez elle ou au palais. Ils se promenaient souvent à cheval ensemble et, sur leur passage, les bons Berlinois souriaient avec complaisance. Pour les deux amoureux, aucune autre issue que le bonheur n'était possible. Ils avaient pleine confiance dans les conclusions de la commission. Mais peut-être en étaient-ils trop sûrs...

Un soir, après un concert au palais de Potsdam, toute la cour put s'apercevoir que Mlle Radziwill laissait tomber une bague, et que le prince se précipitait pour ramasser le bijou et le porter passionnément à ses lèvres. Mais quand il voulut le rendre à Élisa, elle secoua la tête doucement :

– Gardez-la ! Quand vous aurez lu ce qui est écrit à l'intérieur, vous comprendrez qu'elle est pour vous.

À l'intérieur, en effet, deux mots : « Fidélité Éternelle ». Guillaume en pleura de bonheur, mais l'incident déplut profondément au roi. La commission fut invitée à déposer ses conclusions... qui bien entendu furent négatives, et le pauvre prince se retrouva devant son père qui, sans ménagements, lui annonça que son régiment partait le lendemain pour Düsseldorf et qu'il lui fallait se préparer à l'accompagner.

– Vous avez ordonné des manœuvres, Sire ? demanda le jeune homme, déjà inquiet.

– Non, il s'agit de renforcer la garnison qui est insuffisante. Séjour d'une durée... indéterminée !

Frédéric-Guillaume détourna la tête pour ne pas regarder son fils qui venait de pâlir. Il s'en voulait brusquement de ce rôle qu'il avait assumé, mais il n'était plus possible de reculer.

– La commission a conclu... à la négative ! ajouta-t-il. Il n'y a rien à faire ! Je sais que je te demande beaucoup, Guillaume, mais tu es un homme, que diable ! Je pense que tu sauras te comporter comme tel...

Mais Guillaume n'entendait plus rien, ne voyait plus rien. Comme un automate, il salua militairement, claqua des talons et, sans un mot, quitta le cabinet paternel, le cœur en lambeaux. Le lendemain, il partait pour Düsseldorf.

L'exil y dura trois ans. Trois ans de regrets, de désespoir et de lettres dont on imagine mal l'intensité passionnelle. D'autres lettres partaient aussi, vers le roi, vers sa famille dans l'espoir que quelqu'un, enfin, prendrait en pitié son supplice et le ferait cesser.

Cette souffrance qui ne voulait pas s'éteindre vint tout de même à bout des préventions de la famille. On le rappela enfin, mais quand il revint à Berlin, la consternation des siens lui prouva qu'il avait beaucoup changé. Était-ce bien le joyeux Guillaume, ce long garçon sinistre, maigre, et visiblement désespéré ? Son frère aîné tenta de le raisonner, son cousin Fritz le sermonna, son oncle, Georges de Mecklembourg, essaya de faire appel à la raison d'État. Seule, sa tante Marianne, dans les bras de laquelle il sanglota interminablement avant de s'évanouir d'épuisement, comprit que c'était grave. Elle avertit sa nièce, la grande-duchesse. Celle-ci, inquiète, finit par trouver une solution. Fallait-il qu'Élisa fût princesse royale pour assurer le bonheur de Guillaume ? Il n'y avait qu'à la faire adopter par le tsar !...

Cette idée plongea le pauvre amoureux dans un délire de joie. Comment n'y avait-on pas songé plus tôt ? Interrogé, le roi admit que, dans de telles conditions, le mariage pourrait en effet être possible et l'espoir revint dans le cœur de Guillaume et dans celui d'Élisa que, fidèle à sa parole, il n'avait pas revue depuis trois ans.

Hélas, le tsar, d'abord consentant, se rétracta. Il y avait des impossibilités religieuses, car Élisa, pour devenir grande-duchesse, devrait se convertir à l'orthodoxie, abandonnant ainsi son catholicisme natal. Mais pour épouser Guillaume, elle devrait changer encore de religion et embrasser le protestantisme. C'était tout de même un peu beaucoup.

Cependant, l'idée était lancée et toute la famille voulait aider Guillaume. Ce fut l'un de ses oncles, le prince Auguste de Prusse, qui trancha la question en déclarant qu'il adopterait, lui, Élisa. Il n'y avait plus d'obstacles...

Au soir de Noël 1824, les deux amoureux si longtemps séparés se revirent avec l'émotion que l'on imagine.

– Après trois longues années d'épreuve ! murmura Guillaume en relevant Élisa de sa révérence. Elle était plus belle que jamais et ses yeux étaient pleins de larmes.

– Se peut-il, Monseigneur, que nous soyons enfin réunis ?

Les jours qui suivirent furent merveilleusement doux et beaux pour les deux jeunes gens. Bientôt on célébrerait à la fois l'adoption d'Élisa et les fiançailles. Pourtant, Guillaume s'impatientait. Les scribes chargés d'établir le fameux acte n'en finissaient pas.

– Ces gens-là n'ont donc jamais aimé ! s'écriait-il, tandis qu'Élisa cherchait à le raisonner.

– Qu'importe un peu de retard à présent, puisque plus rien ne peut nous séparer ?

Rien ?... Si ! La politique ! Elle revêtit alors les traits sans grâce et le cœur ambitieux du grand-duc régnant de Saxe-Weimar, qui partit en campagne contre l'adoption, qu'il jugeait ridicule. Cela ne le regardait en rien, mais il était le père d'une fille, la princesse Augusta, qui désirait ardemment épouser Guillaume. Il se hâta alors de faire à Frédéric-Guillaume III des offres si alléchantes qu'un triste soir, le malheureux prince reçut de son père une lettre aux termes de laquelle le roi refusait définitivement son consentement et ordonnait à son fils d'avoir « à considérer cette affaire comme classée... » En même temps, un ordre d'exil frappait Élisa, qui devait regagner Posen dans les plus brefs délais. C'était la fin...

L'impitoyable rigueur du roi n'accorda même pas aux deux amoureux le douloureux bonheur d'une dernière entrevue. Élisa, le cœur déchiré, partit sans avoir revu celui auquel elle avait juré une éternelle fidélité...

Guillaume, d'abord muré dans son désespoir, refusant de voir quiconque, vécut enfermé chez lui pendant des semaines, jusqu'à ce qu'un ordre formel l'envoyât rejoindre son régiment en Silésie. Ce fut le début d'une longue, d'une épuisante lutte contre son père, car lorsque Frédéric-Guillaume III lui proposa d'épouser la princesse de Saxe-Weimar, le jeune homme repoussa ce projet avec horreur. Mais contre la volonté d'un roi, il ne pouvait rien. Trois ans plus tard, Guillaume, « noyé de larmes et effondré de douleur », épousait la princesse Augusta et la nouvelle de ce mariage alla frapper un peu plus cruellement en Pologne Élisa, dont la santé n'était pas des meilleures.

Trois années encore, celle qui était demeurée l'une des plus jolies femmes d'Europe s'éteignait comme une lampe qui n'a plus d'huile, heureuse d'en finir avec une vie qui avait perdu pour elle tout attrait, et fidèle pour l'éternité à l'amour de ses quinze ans...

Cent jours pour l'empereur Frédéric III

Cette nuit de mars 1888, glaciale et sinistre, semblait devoir durer jusqu'à la fin des temps. Elle pesait sur Berlin de tout le poids de ses ténèbres épaisses, de son froid noir, de sa neige boueuse et de l'angoisse des lendemains incertains.

Aux portes du palais où le vieil empereur agonisait, les sentinelles semblaient figées dans leurs guérites. La ville était inerte, l'immense demeure aussi, car bien rares étaient les lumières qui y veillaient : quelques-unes, tout au plus, dans les corps de garde, le salon des aides de camp, celui des dames d'honneur. Tout le reste était obscur, et aucune lueur ne filtrait sous les épais rideaux qui enfermaient la chambre où se mourait le premier empereur d'Allemagne, le vieux Guillaume Ier, qui, à quatre-vingt-onze ans, ne se résignait pas à quitter la terre.

Étrange agonie en vérité, bavarde et shakespearienne ! Couché dans son lit, le vieil empereur n'arrêtait pas de parler, et cet incessant débit avait quelque chose d'hallucinant. Du fond des brumes où il s'enfonçait lentement, celui que l'on avait jadis surnommé « le prince Mitraille », au temps où régnait son frère aîné Frédéric-Guillaume, passait en revue toute sa vie, se la racontait à lui-même... à moins que ce ne fût à quelqu'un d'autre que seuls ses yeux pouvaient apercevoir, une jeune femme blonde, morte depuis longtemps, qui avait été son unique amour, qu'il n'avait jamais eu le droit d'épouser, et dont le portrait n'avait jamais quitté son chevet depuis des années : Élisa Radziwill, qui l'attendait peut-être au-delà du miroir.

Ce qu'il racontait, c'était sa longue lutte, alors qu'il n'était que le roi de Prusse, contre la France, le pays qu'il avait toujours détesté. Cela avait commencé voici longtemps déjà, quand régnait Napoléon le Grand. Guillaume, alors prince de Prusse, avait combattu contre lui, à Iéna, à Leipzig aussi, à cette bataille des Nations qui avait à ce point marqué sa vie qu'en sa vieillesse, il lui plaisait toujours de la raconter aux siens à la cadence d'environ trois fois la semaine. Et puis, il y avait eu la victoire des Alliés, la revanche pour les fils de la belle reine Louise et, après bien des années encore, pour lui, Guillaume, l'apothéose : l'empire allemand proclamé en 1871 dans la galerie des Glaces, au château de Versailles, après l'écrasement de l'autre Napoléon, le troisième du nom...

La voix cassée, haletante, semblait tirer du néant le souffle tenace qui l'habitait encore. Auprès du lit, dans un fauteuil, l'impératrice Augusta, une très vieille femme elle aussi, regardait mourir ce compagnon de tant d'années. Souvent, la main du mourant venait se poser sur la sienne, encore qu'il n'y eût jamais eu entre eux d'amour véritable, mais la pauvre souveraine, très malade elle aussi, était si faible qu'il fallait que sa fille, la grande-duchesse de Bade, soutînt son bras pour qu'il pût supporter le poids de cette main.

Le côté sinistre du tableau était complété par la grande-duchesse elle-même, vêtue de noir de la tête aux pieds car elle portait le deuil de son fils. Outre cela, un bandeau noir cachait son œil gauche, à peu près perdu.

Seule image vivante et vigoureuse parmi les ombres denses de cette chambre mortuaire, un homme attendait, mâchant sa moustache : le chancelier-prince von Bismarck ! Lui aussi était vieux, mais sa vieillesse était solide, drue, charpentée, celle du lion qui se sait toujours en pleine possession de sa puissance physique et intellectuelle. Mais le lion, cette nuit, était inquiet : si tardive qu'elle fût, cette mort venait encore trop tôt...

Dans quelques instants... une heure ou deux peut-être mais guère plus, un autre serait empereur, un autre que, cependant, il avait bien espéré voir mourir avant le vieux souverain : le prince héritier Frédéric-Guillaume, qu'en dépit de son courage et de sa valeur militaire, le chancelier de fer haïssait de toutes ses forces pour son libéralisme et sa trop grande générosité, pour les idées « modernes » que lui avait insufflées sa femme, Vicky, l'Anglaise.

Ce n'était pas là l'empereur qu'il fallait à Bismarck, l'homme pour qui le seul mot « libéralisme » était une insulte, l'homme sans pitié, sans faiblesse, qui ne connaissait que la force, la poigne de fer parfaitement dépourvue de tout gant de velours. Quant au mot de « liberté », le chancelier n'avait jamais dû en comprendre, même un peu, la signification. C'était pour lui une maladie honteuse...

Jusqu'à cette minute, il avait espéré – Dieu des batailles, comme il l'avait souhaité ! – que le nouvel empereur ne serait pas Frédéric III, mais bien Guillaume II, car le Kronprinz Guillaume, dit Willy, était son élève à lui, et Bismarck refusait de s'apercevoir que le jeune prince était déjà un mégalomane obstiné et le plus arrogant traîneur de sabre que l'Allemagne eût jamais produit.

Mais il était écrit que Frédéric régnerait. Quand se leva l'aube du 9 mars, la voix obstinée se tut enfin. La grande-duchesse de Bade se releva avec peine, la vieille impératrice ramena sur ses genoux sa main engourdie et Bismarck étouffa un soupir... Il fallait en passer par où le voulait le destin et se contenter d'espérer que ce règne-là ne durerait guère...

Dans la même journée, le télégraphe alla porter la nouvelle de cette mort à bien des kilomètres de Berlin, à San Remo, sur la Riviera italienne, dans une chambre de la villa « Zirio », où le nouvel empereur, lui aussi, subissait un début d'agonie. Une autre chambre de malade : à cinquante-six ans, l'empereur Frédéric III était atteint d'un cancer du larynx et se savait perdu...

C'était un homme grand, mince et blond, avec un beau visage grave orné d'une barbe et d'une moustache qui le faisaient ressembler davantage à un archiduc autrichien qu'à un prince prussien. Malgré les ravages visibles de la maladie (le prince portait, depuis un mois, plantée dans la gorge, une canule qui lui permettait de respirer) Frédéric avait un visage paisible et calme, des yeux pleins de douceur et d'idéalisme, cet idéalisme qui déplaisait si fort à Bismarck.

Mais il avait aussi un grand courage, une véritable noblesse d'âme, sensibles même à ceux dont l'Histoire avait fait ses ennemis. Ainsi, malgré les défaites subies à Wissembourg et à Sedan, la France, dans les colonnes de ses journaux, montrait du respect pour ce prince-martyr, dont on savait qu'il n'aimait pas la guerre, qu'il était doux et courtois, qu'il avait essayé d'adoucir un peu les rigueurs du siège de Paris et qu'il était, en Allemagne, adoré des humbles.

Ce paladin d'un autre âge, égaré au milieu des bruits de bottes de l'Allemagne bismarckienne, avait trouvé une compagne à sa mesure en la personne de Victoria (dite Vicky), princesse d'Angleterre, fille de Victoria la grande et d'Albert de Saxe-Cobourg. Et ce mariage-là avait été un véritable mariage d'amour.

Vicky avait dix-huit ans quand, le 25 janvier 1858, elle avait épousé Frédéric à Londres. Elle était grande, brune et très belle, avec de très beaux yeux bleu sombre. En outre, dès l'instant de leur première rencontre, elle avait aimé profondément, ardemment, passionnément ce jeune homme qui allait devenir son époux. Amour réciproque qui allait déboucher sur une vie de couple exemplaire.

De sa mère, Vicky tenait l'intelligence, la faculté de n'aimer qu'une seule fois mais totalement, et le goût du pouvoir. Se sachant destinée à régner un jour aux côtés de Frédéric, elle s'y était préparée de longue main avec conscience et application, s'initiant autant qu'il lui était possible (et ce n'avait pas été beaucoup) à la vie politique de son nouveau pays.

Malheureusement, à Berlin, la princesse anglaise, dotée évidemment d'une fâcheuse tendance à établir des comparaisons rarement au bénéfice de la Prusse, n'était guère appréciée. Bismarck, pour sa part, avait vite flairé une ennemie dans cette grande femme racée et silencieuse qui avait si bien su captiver son époux, cultivant chez lui les idées de libéralisme et la passion de la paix qu'elle avait apportées avec elle. Et quand Frédéric était éloigné d'elle, pour les besoins de l'armée, Vicky vivait dans un isolement digne d'une reine d'Espagne, isolement dont elle se consolait d'abord en pensant à son époux, en s'occupant de ses sept enfants (moins le jeune Guillaume, qu'on avait très vite détourné d'elle) et en entretenant avec sa mère une correspondance fournie et suivie que, naturellement, son entourage considérait d'un œil méfiant, se retenant tout juste de taxer la princesse héritière d'espionnage au profit de l'Angleterre.

À mesure que le temps passait, elle eut la douleur de voir son fils aîné se détacher d'elle pour réserver au seul Bismarck son admiration juvénile et ses vœux ambitieux. Vicky fut la première à s'apercevoir que chez le jeune Willy, le cœur n'était rien d'autre qu'un viscère parmi les autres.

Ainsi, quand le mal commença de ronger son père, le futur Guillaume II n'en montra qu'une peine fort légère, voyant surtout dans l'affreuse maladie la promesse d'une accession au trône infiniment plus rapide qu'il n'avait osé l'espérer jusque-là.

Mais revenons à San Remo, où la couronne impériale venait de parvenir à sa destination sous la forme allégorique d'un simple papier bleu remis par un télégraphiste aux mains d'un aide de camp.

Cette nouvelle, Frédéric l'attendait depuis la veille, grâce à un premier télégramme qui lui avait appris que son père était au plus mal. À sa femme, qui s'inquiétait de ce qu'il allait devoir faire et craignait pour lui le retour obligatoire à Berlin en plein hiver, il s'était contenté de murmurer, de cette voix à peine audible que lui laissait le mal :

– Il y a des cas, ma chère Vicky, où le devoir d'un homme est de courir des risques. Nous quitterons San Remo dès que ma présence sera nécessaire à Berlin.

La future impératrice avait alors adressé un regard lourd d'inquiétude au médecin ordinaire de son époux. C'était un Anglais, naguère envoyé par la reine Victoria et si, par force, il avait bien fallu tolérer au chevet du malade des médecins allemands, Sir Morell Mackenzie était le seul en qui elle eût confiance car il faisait autorité en la matière.

À l'interrogation muette de la princesse, celui-ci répondit avec un sourire destiné uniquement à lui rendre courage.

– Nous prendrons toutes les précautions, Madame, afin que... l'empereur puisse effectuer tout ce long voyage sans trop en souffrir !

Ces précautions, il les prit en effet quand, le 10 mars, Frédéric III et sa suite quittèrent San Remo par le train. Le souverain voyagea couché et reçut l'interdiction formelle d'émettre le moindre son. Avec le roi d'Italie, Victor-Emmanuel II, qui l'accompagna jusqu'en Suisse, il s'entretint exclusivement à l'aide de petits papiers arrachés d'un carnet et que l'impératrice, qui ne le quittait pas, l'aidait à écrire.

À Leipzig, un nouveau voyageur monta dans le train : c'était Bismarck, venu accueillir son nouveau maître.

L'entrevue des deux hommes fut protocolaire et froide. Aucune affinité n'existait entre eux et l'empereur savait déjà que le chancelier ferait tout au monde pour contrecarrer la politique qu'il espérait avoir le temps d'instaurer. Quant au vieux lion, il supputait silencieusement, froidement, le temps de rémission que la maladie accorderait encore à son souverain. Peut-être allait-on, dès maintenant, le renvoyer à son domaine de Varzin, à ses grands arbres qu'il aimait tant mais qui jamais ne pourraient remplacer pour lui le jeu enivrant du pouvoir.

Il fut tout de suite rassuré.

– Nous vous conserverons notre confiance, lui dit Frédéric, sachant bien qu'un renvoi déclencherait une révolte dans l'armée, et j'espère que nous saurons concilier nos idées pour le plus grand bien de l'Empire.

Concilier ? Quel étrange mot pour Bismarck ! Celui-là non plus, il n'en connaissait pas le sens, du moins avec les gens qu'il entendait combattre. Il se contenta donc de saluer profondément, sans répondre, puis se retira dans son compartiment personnel.

À Berlin, dans la gare de Charlottenburg, le nouveau prince héritier attendait... anxieux lui aussi de constater de visu l'état exact de son père. Enveloppé de son dolman au col relevé, entouré de son état-major, Willy guettait la portière du wagon impérial avec une avidité dont il ne pouvait se défendre. Il s'attendait à voir surgir une civière, des brancardiers... Jamais l'Empereur ne pourrait se tenir debout avec cette tempête de neige qui tournoyait furieusement sur la Prusse...

D'autres aussi attendaient : les Berlinois, qui s'étaient massés là par milliers pour recevoir, eux aussi, un prince cher au cœur du peuple. Toutes les cloches de la ville s'étaient mises à sonner quand le train était entré en gare et, autour du long tapis rouge, la garde formait une haie étincelante et rigide.

Soudain, une immense acclamation emplit l'air. L'empereur venait d'apparaître et c'était bien l'empereur, pas un malade couché sur un brancard. Debout, en uniforme (un uniforme dont le haut col cachait habilement l'affreuse canule respiratoire), casque en tête, la main appuyée à la garde de son sabre, Frédéric III reçut en même temps ce tonnerre de joie qui montait vers lui et le regard stupéfait de son fils...

L'effort qu'avait fourni l'empereur en se montrant sous les armes à son peuple fut héroïque mais épuisant. En arrivant au palais de Charlottenburg, il dut s'aliter. Comme son épouse lui reprochait ce qu'elle considérait comme une grave imprudence, il répondit avec un sourire qui reflétait encore la joie éprouvée en sentant monter vers lui cette grande vague d'amour de son peuple :

– Le bonheur, c'est un bon médecin, Vicky ! Je vais faire de mon mieux pour durer... autant que je le pourrai. Avec une vie sage et bien organisée, ce doit être possible.

– Une vie sage ? Avec le travail écrasant qui est celui d'un souverain ? Si seulement vous me permettiez de vous en décharger quelque peu !

– Je ne veux pas vous exposer à lutter contre Bismarck. Vous avez toujours été hostiles l'un à l'autre et il faut que les inimitiés s'apaisent. Le travail se fera, soyez tranquille.

Et en effet, ce moribond se mit au travail avec une héroïque énergie. Dès son accession au trône, il publiait trois rescrits : dans le premier, il se déclarait fidèle au principe d'une monarchie « constitutionnelle et pacifique » ; dans le second, il exposait son programme de gouvernement en insistant sur la tolérance religieuse et l'adoucissement des inégalités sociales ; dans le troisième, enfin, il rendait hommage, très diplomatiquement, à l'action du prince de Bismarck, mais faisait appel à la solidarité de tous les peuples allemands pour l'aider à mener à bien la tâche écrasante qui lui incombait...

Malheureusement, de ces trois rescrits, ledit Bismarck n'accepta et n'appliqua que le troisième, car à peine le mal eut-il imposé une rechute au malheureux Frédéric, laissant momentanément les mains libres au chancelier, qu'il réprimait durement les activités socialistes et faisait sentir le fouet à l'Alsace-Lorraine.

Néanmoins, l'empereur luttait contre le cancer et la mort avec un courage qui forçait l'admiration. Le larynx détruit, il n'en recevait pas moins les rois qui étaient accourus de toutes les cours d'Europe pour les funérailles du vieux Guillaume et il avait fallu toute l'énergie de l'impératrice, jointe à celle de Sir Morell Mackenzie, pour l'empêcher d'assister à l'interminable service funèbre par une température sibérienne.

Il exigea que sa vie fût réglée comme une horloge.

Levé à huit heures, il descendait dans l'Orangerie avec Vicky à 9 heures 30, faisait une courte promenade en compagnie de sa femme et de ses médecins, puis travaillait jusqu'au déjeuner, qu'il prenait en famille. Ensuite, une sieste, avant de recevoir son chancelier et le prince héritier et de s'occuper des affaires de l'État jusqu'à huit heures du soir, heure du dîner. Il se couchait à dix heures.

Malheureusement, autour de ce malade héroïque, les médecins menaient une épuisante lutte d'influence, les Allemands s'opposant naturellement à l'Anglais en une bataille proprement insensée. Mackenzie, opposé à l'ablation du larynx qui ne pouvait, selon lui, que hâter l'inéluctable fin, devait faire face à la coalition de ses confrères, qui employaient, pour l'abattre, tous les moyens possibles. On alla même jusqu'à prétendre qu'il ne s'appelait pas Mackenzie mais Marckovicz, et qu'il était « un juif polonais ». Affirmation fantaisiste et purement gratuite, mais dont le célèbre praticien et fidèle sujet de la reine Victoria pensa mourir de saisissement.

L'aimable Willy, le prince héritier, appuyait d'ailleurs la cabale, et quand, excédée, l'impératrice congédia l'un des calomniateurs, le futur seigneur de la guerre accorda une longue audience à celui-ci, et l'assura gracieusement de toute sa considération personnelle.

En même temps, son allié, Bismarck, osait battre carrément en brèche l'autorité du souverain, et cela pour des motifs un peu trop personnels. C'est ainsi que son beau-frère, le ministre de l'Intérieur von Puttkammer, ayant été renvoyé par l'empereur sur une grave accusation de corruption, le chancelier donna en l'honneur du disgrâcié un grand dîner qui fit un énorme tapage, dîner auquel assista Willy et fut la cause d'une amère explication entre Bismarck et l'impératrice. À son habitude, celui-ci fut cassant, à peine courtois, car il savait bien que ce qu'il considérait comme sa victoire personnelle était proche et il ne voyait pas pourquoi il lui fallait conserver envers Victoria les formes extérieures, tout de même obligatoires, du respect. Elle avait toujours été son ennemie et il éprouvait un malin plaisir à lui faire sentir que son pouvoir ne serait pas durable.

Car hélas, la maladie, un instant arrêtée, recommençait ses ravages et faisait de rapides progrès. Le 12 avril Frédéric III eut des quintes de toux. Il fallut changer la canule qui s'enfonçait dans la gorge, et adapter un nouveau modèle permettant une meilleure respiration. Mais le malade s'affaiblissait de jour en jour.

Il trouva tout de même la force, durant une brève accalmie, d'assister, le 24 mai, au mariage de son second fils, Henri, qui épousait à Berlin la princesse Irène, fille du grand-duc Louis de Hesse. Mais cet effort marqua le début de la fin et dès le lendemain, on crut l'empereur à l'agonie.

L'agonie ? Pas encore ! Cinq jours plus tard, Frédéric se relevait, et dans sa voiture, habillé et casqué, il passait en revue les trois régiments de sa garde qui, électrisés par ce courage surhumain, l'acclamaient. Bien plus, deux jours après, il se rendait en personne sur la tombe de son père...

Terrifiée par ce qu'elle considérait comme de folles imprudences, Vicky le supplia de quitter Berlin et de s'installer au moins au palais d'été de Potsdam. Frédéric y consentit, et il se fit transporter par eau dans la belle demeure qu'avait affectionnée le Grand Frédéric, son ancêtre. Le bateau qui l'emmena, l'*Alexandra*, traça son chemin liquide sous un véritable déluge de fleurs dispersées par les milliers de Berlinois massés sur les rives du fleuve. Encore un triomphe, ce court voyage, mais hélas, le dernier, encore que le plus touchant peut-être. Jamais plus Frédéric III ne connaîtrait cet accueil populaire qui savait si bien trouver le chemin de son cœur.

Le 7 juin, les médecins constatèrent que la trachée artère s'était ouverte spontanément, et le 10, Sir Morell Mackenzie, découragé, se résigna à avouer à son auguste malade :

– Je regrette d'avoir à constater, Sire, que Votre Majesté ne fait aucun progrès.

– Croyez, mon cher docteur, que j'en suis peiné, répondit le mourant par écrit (il y avait des semaines qu'il ne s'exprimait plus autrement). J'aurais beaucoup aimé vous faire plaisir.

Le 11, néanmoins, il se trouva pris d'une espèce de fièvre de travail, comme son père au moment de mourir avait été pris d'une fièvre de paroles. Il écrivit presque toute la journée, sachant bien que le temps lui était désormais chichement compté. Le 12, on ne put le nourrir qu'artificiellement. Et pourtant, il réussit encore à recevoir le roi de Suède. Mais cette fois, c'était bien la fin. L'agonie commençait. Elle dura trois jours.

Le 15 juin, enfin, à onze heures du matin, s'achevait ce long martyre, et ce règne d'un homme de bonne volonté qui n'avait duré que quatre-vingt-dix-huit jours exactement.

L'impératrice s'abîma alors dans une douleur profonde. Elle perdait le seul homme qu'elle eût jamais aimé, le cher compagnon de toute une existence, et ne devait pas s'en remettre.

Mais tout le monde n'éprouvait pas le même chagrin loin de là. À peine Frédéric III eut-il exhalé le dernier soupir, que le nouvel empereur, Guillaume II, faisait littéralement investir le palais de Potsdam par des troupes qui avaient ordre d'en contrôler sévèrement les entrées et les sorties.

Ce comportement inqualifiable de la part d'un fils visait à permettre au nouveau souverain de s'emparer de tous les papiers personnels de son père. C'était une insulte publique et gratuite à l'égard d'une femme douloureuse qui était sa mère. Le gentil Willy jetait son dernier masque, sans se douter qu'il appelait sur sa race une étrange malédiction.

Il se déshonora pour rien. Connaissant bien son fils, Frédéric avait pris ses précautions, et peu de temps avant sa mort, il avait rassemblé tous ses papiers dans un portefeuille de maroquin et les avait confiés à un ami, le colonel Swann qui avait quitté l'Allemagne immédiatement pour regagner Londres. Et ce fut entre les mains de la reine Victoria que furent déposés les papiers personnels de l'empereur d'Allemagne, ainsi que son testament.

En effet, une profonde estime et une véritable affection avaient uni la vieille souveraine à son premier gendre. Durant les dernières semaines qui avaient précédé sa mort, Victoria avait fait en personne le voyage de Potsdam pour lui rendre visite. Cette imposante présence avait alors incité Bismarck et son élève à plus de retenue, tout en permettant à Frédéric de prendre les dispositions qu'il avait eu le temps d'exécuter.

Mais naturellement, l'investissement de son palais par les soldats de son fils blessa profondément l'impératrice-veuve. Indignée, elle quitta aussitôt une demeure qu'elle considérait comme souillée, et avant de se retirer au château de Friedrichshof, se fit conduire chez Bismarck afin de lui faire connaître son sentiment sur une conduite aussi offensante.

Hélas, jugeant sans doute qu'il n'avait plus de gants à prendre avec une femme qui n'était plus rien, le chancelier refusa purement et simplement de la recevoir, alléguant qu'il avait beaucoup trop à faire pour le service de son nouvel empereur.

Ecœurée par ce nouveau coup, l'impératrice refusa d'assister aux funérailles de son époux, dont elle jugeait l'apparat aussi hypocrite qu'injurieux pour elle puisqu'elle devait voir sa belle-fille y prendre le pas. Dans sa demeure elle fit célébrer un service spécial et rendit ainsi, à sa manière, hommage à celui qu'elle avait aimé par-dessus tout.

D'ailleurs, Bismarck et son élève mettaient une sorte d'acharnement à tenir le trop court règne de Frédéric III comme nul et non avenu, alléguant que la santé détruite du souverain ne lui avait permis de recevoir ni la couronne royale de Prusse ni la couronne impériale, ce qui eût nécessité un voyage à Aix-la-Chapelle. Et sa veuve d'écrire amèrement à sa mère :

« Guillaume II succède à Guillaume Ier en adoptant les mêmes systèmes, les mêmes buts, les mêmes traditions... »

Elle ne savait pas encore que Bismarck n'en avait plus pour longtemps à gouverner l'Allemagne et que les liens étroits tissés entre lui et le cher Willy commençaient à peser singulièrement à celui-ci.

À peine deux ans plus tard, Guillaume II remerciait Bismarck, après l'avoir créé duc de Lauenbourg, et l'autorisait gracieusement à faire valoir ses droits à une retraite « bien gagnée » mais que l'intéressé jugea nettement prématurée.

Il eut l'audace de venir s'en plaindre à Vicky... et reçut, bien sûr, l'accueil que l'on peut imaginer...

Celle-ci, par malheur, ne survécut pas de longues années à son cher époux. Le 24 juillet 1901, au château de Friedrichshof, elle s'éteignait à son tour, elle aussi victime d'un cancer. Elle avait soixante et un ans.

Longtemps après la mort de Frédéric III, la controverse des médecins à son sujet devait se poursuivre sans jamais être tranchée. Mais une chose est certaine : ce cancer du larynx devait peser d'un poids mortel sur l'avenir de l'Europe, car eût-il régné assez longtemps, jamais la guerre de 1914-1918 n'aurait eu lieu. Frédéric III, esprit éclairé et pacifiste, souhaitait voir une paix durable s'instaurer entre l'Allemagne et la France. Hélas, il n'avait pu régner qu'un printemps et son successeur, l'homme des bruits de bottes et des parades guerrières, allait instaurer en Allemagne l'habitude des proclamations à grand tapage... avant de s'en aller finir ses jours obscurément, au fond d'un village de Hollande, en coupant du bois pour charmer ses loisirs.

Malheureusement, l'Allemagne n'en avait pas fini avec les parades à grand spectacle et les proclamations tonitruantes…

LA DERNIÈRE TSARINE

Un mariage inespéré

Le 21 décembre 1891, un petit jeune homme de vingt-trois ans, héritier du gigantesque empire russe, écrivait dans le journal intime qu'il tenait déjà depuis de longues années.

« Mon rêve est d'épouser Alix de Hesse. Il y a longtemps que je l'aime, mais avec plus de ferveur et plus profondément depuis l'année 1889, pendant laquelle elle a passé six mois à Pétersbourg. J'ai lutté en vain contre mes sentiments et j'ai cherché à me persuader que c'était une chose impossible, mais depuis qu'Eddy [1] a renoncé à l'idée de l'épouser, ou a été refusé par elle, il me semble que le seul obstacle entre nous est la question religieuse. Il n'en existe pas d'autre, parce que je suis convaincu qu'elle partage mes sentiments. Tout est dans la main de Dieu et, plein de confiance en sa miséricorde, j'attends l'avenir avec calme et humilité... »

Or, en dépit de ce qu'écrivait le jeune tsarévitch Nicolas, l'objet de cette grande passion ne s'en doutait absolument pas et l'idée de devenir un jour

1. Il s'agit d'un cousin anglais, le duc de Clarence.

impératrice de toutes les Russies ne l'avait jamais effleurée.

Âgée alors de dix-neuf ans, Alix-Victoria-Hélène-Louise-Béatrice de Hesse-Darmstadt, bien qu'elle fût l'une des petites-filles de la reine Victoria d'Angleterre, n'était qu'une petite princesse allemande qui semblait dépourvue d'ambition et que son caractère, assez indéchiffrable ne prédisposait guère à passer sa vie sous les feux impitoyables dont s'illumine en général un trône impérial.

Orpheline à six ans, elle avait été élevée en partie en Angleterre auprès de sa grand-mère, qui ne brillait pas par les débordements de tendresse, en partie à Darmstadt par des sœurs beaucoup plus âgées qu'elle (tout au moins jusqu'à leur mariage) et par un père assez lointain.

Timide et d'une susceptibilité quasi maladive, elle s'entendait difficilement avec son entourage, souffrant, jusqu'au mariage de ses sœurs, de sa position effacée de troisième fille : dotée d'un orgueil d'autant plus puissant qu'il était dissimulé, elle ne pouvait supporter qu'une autre femme, quel que soit son rang, eût le pas sur elle.

Le mariage de ses sœurs, dont l'une épousa le prince Louis de Battenberg et l'autre le grand-duc Serge de Russie, lui apporta cet isolement du premier rang qu'elle souhaitait car, demeurée seule auprès de son père, ce fut à elle qu'incombèrent les devoirs de maîtresse de maison. Être la première à Darmstadt lui suffisait amplement...

Aussi quand, dans le courant de l'année 1892, son père l'emmena en Russie pour y visiter sa sœur Élisabeth, Alix ne fit-elle aucun effort pour se montrer aimable, même envers le jeune Nicolas qui, transporté de bonheur en la revoyant si vite, lui adressait des regards visiblement enamourés : il n'occupait que le second rang.

Au-dessus de lui, il y avait son père, Alexandre III, géant couronné et empereur d'une dimension telle qu'il n'était pas difficile d'imaginer que le jeune Nicolas, beaucoup plus frêle, n'arriverait jamais à sa hauteur. Il y avait aussi l'impératrice, Maria Fédorovna, née princesse Dagmar de Danemark, qui, de toute évidence, ne souhaitait aucunement que son fils s'amourachât de la belle Allemande et Alix n'aimait pas qu'on la dédaignât.

Car elle était véritablement très belle : grande, blonde avec de magnifiques yeux bleus toujours un peu brumeux, une haute taille mince et souple, une extrême majesté naturelle et un charme étrange... tout au moins quand elle voulait bien s'en donner la peine, ce qui était rarissime.

Son attitude fut telle, durant ce malheureux séjour à Pétersbourg, que la haute société la déclara gauche, désagréable, impolie et, crime impardonnable, abominablement fagotée. Aussi quand, le père et la fille repartis, Nicolas osa dévoiler ses sentiments aux siens fut-il assez fraîchement reçu par sa mère.

– Nous ne souhaitons pas, ton père et moi, que tu épouses une princesse allemande. Outre que le caractère d'Alix ne te conviendrait en aucune façon – à qui d'ailleurs pourrait-il convenir ? –, nous préférerions un rapprochement avec la France. La fille du comte de Paris, Hélène, nous conviendrait parfaitement, dit Maria Fédorovna.

Peu combatif et volontiers dissimulé, Nicolas ne poussa pas plus loin sa tentative.

« Au cours de ma conversation avec Maman ce matin, note-t-il dans son journal, il a été fait allusion à Hélène la fille du comte de Paris, ce qui m'a mis dans un étrange état d'esprit. Deux chemins s'ouvrent à moi ; je désire aller dans une direction, tandis qu'il est évident que Maman souhaite me voir choisir l'autre. Qu'arrivera-t-il ? »

On le voit, aucune énergie n'habitait ce jeune homme qui déjà s'apprêtait à régner sur un empire immense. Il comptait sur la Providence pour s'en mêler ; en attendant, bien qu'il fût si ardemment épris d'Alix, il alla se faire consoler par la belle danseuse Mathilde Kchessinska, qui était sa maîtresse depuis quatre ans déjà et avait sur lui une très grande influence.

Or, justement, la Providence allait s'occuper de lui. À Darmstadt, le grand-duc Louis, père d'Alix, mourut peu après son retour de Russie. Son fils, Ernest-Louis, monta sur le trône et, tout d'abord, ne changea rien aux habitudes établies. Étant encore célibataire, il ne voyait que des avantages à ce que sa jeune sœur, qu'il aimait beaucoup d'ailleurs, continuât auprès de lui le rôle qu'elle avait tenu auprès de leur père.

Heureuse, Alix se réjouissait de demeurer la première dame de Hesse et pensait qu'un tel état de choses durerait. Aucune femme, selon elle, ne serait jamais capable d'occuper, comme elle le faisait elle-même, une place qui avait été celle de leur mère.

Mais dans le courant de l'été 1893 Ernest-Louis fit un voyage en Angleterre. À Balmoral, où l'avait invité sa grand-mère, la reine Victoria, il rencontra une jeune fille qui fit sur lui une très profonde impression : Victoria de Saxe-Cobourg, duchesse d'Edimbourg.

Comme c'était un garçon incapable de dissimuler ses sentiments, il s'en ouvrit à la reine qui les approuva hautement, et comme Victoria n'aimait rien tant que faire des mariages, elle s'occupa activement de celui-là. En d'autres termes, et sans même songer à lui demander son avis sur la question, elle fit savoir à la jeune Victoria qu'elle devait se préparer à épouser dans les délais convenables le grand-duc de Hesse. Fou de joie, celui-ci se hâta de câbler la grande nouvelle à sa sœur. Il espérait qu'elle en serait heureuse...

Hélas, au reçu du télégramme, Alix piqua la première des effrayantes crises de nerfs dont elle allait, par la suite, user avec quelque succès auprès d'un époux trop facilement impressionnable. Et quand Ernest-Louis rentra à Darmstadt, ce fut pour affronter une véritable furie déchaînée.

Mais il n'était pas de la même trempe que Nicolas et, laissant passer la vague de colère, il attendit une accalmie pour déclarer, le plus calmement du monde, à sa sœur qu'il entendait se marier que cela lui plût ou non, qu'il entendait également qu'elle se montrât aimable envers sa future belle-sœur et que, si elle ne se sentait pas capable de ce léger effort, il ne l'empêcherait nullement de quitter Darmstadt et d'aller résider, avec une dame d'honneur, dans l'un des châteaux du grand-duché.

– Je te servirai une rente grâce à laquelle tu pourras vivre convenablement et en toute indépendance, ajouta-t-il.

Médusée devant un tel traitement, Alix fit une crise de larmes, puis se soumit. Elle accepta même d'écrire à la jeune Victoria une lettre de bienvenue, mais ce fut très tristement qu'elle suivit son frère à Cobourg où devait avoir lieu le mariage. Il fallait que son destin à elle changeât par la même occasion, car elle n'accepterait jamais de ne plus occuper que la seconde place en Hesse.

Or, à Cobourg se réunissait à cette occasion la majorité des princes d'Europe. La reine Victoria elle-même faisait le voyage pour assister au mariage de son petit-fils et ce fut à elle qu'Alix s'adressa. Puisqu'elle était si brillamment intervenue dans le destin de son frère, pourquoi ne s'occupait-elle pas du sien, à elle, sa petite-fille, qu'elle avait en partie élevée ?

– Je ne demande pas mieux, dit la Reine, mais tu n'as pas voulu épouser Clarence. Qui souhaites-tu donc épouser ?

– Je ne sais pas. Mais je veux quelqu'un de grand, quelqu'un qui me donne la place à laquelle ma naissance me permet de prétendre...

Victoria haussa les épaules :

– Ne sais-tu pas ce que tout le monde proclame ici parce que cela crève les yeux ? Que le tsarévitch est follement amoureux de toi ? Toi seule n'as pas l'air de t'en apercevoir !

– Je vous assure que si, Granny, mais puisque Nicolas me souhaite pour épouse, il est bien le seul chez lui. Ses parents ne veulent pas de moi.

– Ils pourraient changer d'avis. Laisse-moi faire... Rien ne me serait plus agréable (à moi et à l'Angleterre, bien entendu) que tu deviennes un jour impératrice de toutes les Russies !

La splendeur du titre fit rougir Alix. Que pourrait-elle en effet souhaiter de plus haut, de plus grand ? Il n'y aurait au monde personne de plus élevé qu'elle... tout au moins quand le tsar Alexandre aurait quitté ce monde, car jusque-là, il lui faudrait se contenter du second rang, derrière cette Maria Fédorovna qu'elle détestait d'instinct. Un autre argument lui vint tout naturellement aux lèvres :

– Il me faudrait pour cela changer de religion. Je ne veux pas être apostate, je ne veux pas me damner pour une couronne, fut-elle impériale.

– Quelle sottise ! Si tu veux que je te marie, laisse-moi faire, sinon retourne à Darmstadt et apprête-toi à mener l'amère existence d'une vieille fille.

Rien ne résistait à Victoria quand elle le voulait et, le 5 avril 1894, Nicolas écrivait dans son cher journal :

« J'ai trouvé Alix encore embellie depuis que je ne l'avais vue, mais elle avait l'air triste. Nous sommes restés seuls ensemble tous les deux, et enfin a pu avoir lieu la conversation que je désirais et redoutais à la fois. Nous avons parlé jusqu'à midi, mais sans résultat, puisqu'elle ne pouvait se décider à accepter de changer de religion. La pauvre petite a beaucoup pleuré, mais s'est un peu calmée avant que nous nous quittions... »

Trois jours plus tard, c'était le triomphe. Alix avait bien voulu se laisser convaincre.

« Une magnifique et inoubliable journée, celle de mes fiançailles avec ma bien-aimée et incomparable Alix... »

L'événement fit l'effet d'un coup de tonnerre et du coup, le mariage d'Ernest-Louis en l'honneur duquel tout ce monde s'était rassemblé passa au second plan. Alix, fort adulée, acquit un gros prestige, non seulement à ses propres yeux (ce qui n'était pas difficile car elle s'était toujours attribué une grande valeur), mais aux yeux de l'Europe entière.

La reine Victoria était naturellement enchantée, mais dans la famille impériale russe, les opinions étaient fortement divisées. Ainsi, l'impératrice déclarait-elle avec une entière franchise qu'elle n'était pas satisfaite de ce mariage. Hormis la sœur d'Alix, les grandes-duchesses n'éprouvaient aucune sympathie pour la fiancée. En outre, beaucoup redoutaient que sa venue en Russie amenât une désagréable ingérence anglaise dans les affaires de l'État, d'autant plus regrettable que – c'était encore un secret, sauf pour l'entourage immédiat – la santé d'Alexandre III donnait de très graves inquiétudes.

Or, si l'Empereur mourait avant le mariage de l'héritier du trône ou immédiatement après, la princesse ne passerait par aucune étape intermédiaire avant de devenir impératrice et n'aurait pas le temps de se préparer à ce rôle écrasant. En effet, Alix ne parlait, par exemple, qu'anglais et allemand mais ni le russe ni le français, les deux langues de la cour impériale.

Les deux fiancés passèrent l'été en Angleterre, auprès de Victoria. Ce fut là qu'Alix s'initia, par le truchement du père Yanischev, confesseur du tsar, à ce qui allait être sa nouvelle religion et elle finit par s'y attacher à un point qui, plus tard, friserait le fanatisme. Ce fut là aussi qu'elle se découvrit amoureuse de son fiancé.

À son tour, elle écrivit :

« J'ai rêvé que j'étais aimée, je me réveillai et je trouvai que c'était vrai. J'en ai remercié Dieu à genoux. Le véritable amour est un don que Dieu nous a fait, chaque jour plus profond, plus complet, plus pur... »

Ces quelques semaines anglaises furent une période grisante. Environnée d'hommages et de flatteries, Alix voyait affluer les cadeaux fastueux qui arrivaient pour elle de Russie : fabuleux bijoux, dentelles précieuses, fourrures plus précieuses encore. Toute sa vie, elle avait désiré ce luxe qu'elle ne pouvait s'offrir et que sa famille était bien incapable de lui procurer. Et voilà qu'il la comblait !

Elle l'acceptait comme un dû. Bientôt, car il ne faisait plus de doute à présent que le tsar déclinait rapidement, elle serait la toute-puissante impératrice, un être quasi divin dont le jugement et les idées seraient infaillibles. Aussi ne voyait-elle aucune raison de se montrer seulement aimable envers ceux qui l'approchaient, surtout quand ils étaient russes, car elle considérait son futur peuple comme attardé, quelque peu sauvage et en grande partie dépravé.

D'ailleurs, il lui fallut bientôt gagner la Russie. La santé d'Alexandre III exigeait que l'on hâtât les choses, et le 5 octobre, accompagnée d'une seule dame d'honneur, Alix de Hesse quittait son pays pour rejoindre à Livadia, en Crimée, celui qui allait prochainement devenir son époux et qu'elle connaissait encore si mal.

Il était temps qu'elle arrivât : une semaine plus tard, le 20 octobre, l'empereur mourait. Le fiancé, devenu le tsar Nicolas II, écrivait :

« Mon Dieu ! Mon Dieu ! Quelle journée ! Le Seigneur a rappelé à lui notre père bien-aimé, adoré ! La tête me tourne sans arrêt... »

Le lendemain, la fiancée impériale recevait pour la première fois la communion selon le rite orthodoxe. Elle cessa du même coup de porter le nom qui avait été le sien jusqu'alors : Alix de Hesse était morte. Seule subsistait Alexandra Fédorovna.

Puis ce fut le retour, avec le corps du défunt tsar, vers Saint Pétersbourg et l'église Saints-Pierre-et-Paul, tombeau des empereurs. Le 2 novembre, le mariage du nouveau tsar était célébré en grande pompe, mais parmi la foule dévote et superstitieuse qui se pressait sur la route du cortège, plus d'un se signa en voyant paraître la fiancée, idéalement belle sans doute, mais qui semblait ne pas savoir sourire. On murmurait :

« Elle est venue ici derrière un cercueil. Elle ne nous portera pas bonheur... »

Le jour du couronnement à Moscou allait renforcer cette impression pessimiste : une tribune s'effondra sous le poids de la foule, tuant un millier de personnes.

Cela eut lieu le 14 mai 1896. Mais déjà l'empereur s'était fermé le cœur d'une partie de ses sujets et l'impératrice, en se retranchant du monde avec lui autant qu'elle le pouvait, s'était aliéné la plus grande partie de la noblesse russe...

Un paysan venu de Tobolsk

Dans les années qui suivirent son mariage, les choses ne s'arrangèrent pas pour Alexandra Fedorovna. Elle possédait des idées très arrêtées sur les formes de gouvernement qui convenaient à la Russie et rejetait la pensée même de toute réforme pouvant conduire le pays à ce qui aurait pu être l'ombre d'une monarchie constitutionnelle. Elle était fermement convaincue qu'il fallait maintenir l'autocratie et partait en guerre dès qu'il était question de diminuer certains des privilèges impériaux. Malheureusement, ses affirmations trouvaient en Nicolas II un écho des plus complaisants.

S'enfermant avec son époux dans un cercle étroit, elle avait soulevé l'hostilité de toute la famille impériale, jusques et y compris sa propre sœur et le mari de celle-ci, le grand-duc Serge qui cependant avaient été ses meilleurs soutiens lors du mariage.

Des enfants étaient venus renforcer le petit cercle si étroit où se complaisait l'impératrice. Quatre filles étaient nées d'abord, quatre filles dont les naissances avaient été, chaque fois, saluées par des crises de larmes et de désespoir car elles n'étaient justement que des filles, et Alexandra souhaitait éperdument donner un fils à son époux et à la Russie.

Elles étaient cependant toutes charmantes, toutes jolies, les petites grandes-duchesses : Olga, Tatiana, Maria et Anastasia, et leur mère, malgré les déceptions successives qu'elles avaient représentées, les aima sincèrement. Mais quand, le 12 août 1904, naquit à Peterhof le petit garçon qui devenait le tsarévitch Alexis, plus rien n'exista au monde aux yeux de sa mère éperdue, plus rien que lui. Cet amour, presque excessif, allait amener à la cour et jusque dans l'intimité du tsar, là où n'entraient plus que quelques rares privilégiés, l'un des êtres les plus étranges et les plus controversés de toute l'Histoire des hommes.

Tout commença un soir de l'hiver 1911, à Saint-Pétersbourg, dans le grand palais où régnait, depuis trois jours, ce silence particulier annonciateur des grandes catastrophes. Car, depuis trois jours et trois nuits, l'impératrice, abîmée dans une prière qui ne finissait pas demeurait agenouillée au chevet de son fils.

L'enfant, en effet, était hémophile et, en dépit de la surveillance constante dont on l'entourait, il était tombé, un matin, en courant dans le parc. Depuis, un épanchement de sang se produisait dans son genou qui, peu à peu, enflait, se violaçait, sans que l'on pût espérer arrêter l'hémorragie interne. Les médecins étaient impuissants, et pour tous, la tsarine se trouvait aux portes de la folie car le petit Alexis était son souci constant et son grand amour.

Elle passait auprès de lui le plus clair de son temps, négligeant même ses filles, uniquement attachée à l'enfant qu'elle s'était juré de guérir envers et contre tout...

En raison même de cette absence d'espoir, elle avait fait interdire, quand avait été décelé chez l'enfant la présence de ce mal héréditaire, que la nouvelle fût ébruitée. À aucun prix, le peuple russe ne devait savoir qu'elle, Alexandra qu'il n'aimait pas beaucoup, avait transmis à son fils cette grave maladie qui atteint les hommes mais est transmise par les femmes. Son amour-propre et son orgueil maternel lui rendaient insupportable la seule idée de la pitié des gens du commun s'attachant au tsarévitch, à l'héritier de l'immense empire russe, à son fils, à elle !

Aussi, pour obtenir du ciel l'impossible guérison, essayait-elle tous les moyens empiriques existants, sans parler des interminables prières et des pénitences de toute sorte que son mysticisme lui conseillait. Mais à présent qu'une crise grave était déclarée, Alexandra ne savait plus, littéralement, à quel saint se vouer.

C'est alors qu'entra en scène l'étrange personnage qui, à travers l'impératrice, allait pratiquement gouverner la Russie et accélérer la chute d'un régime à vrai dire déjà très ébranlé.

Le petit Alexis souffrait donc depuis trois jours quand, au soir du troisième, une femme entra dans sa chambre. Cette femme était la grande-duchesse Anastasia Nicolaevna, seconde épouse du grand-duc Nicolas. C'était l'une des deux filles du roi de Monténégro mariées en Russie et, comme sa sœur Militza, elle était passionnée d'occultisme et vivait entourée d'une clique de voyantes et de prophètes plus ou moins bizarres en qui elle croyait dur comme fer et que, bien entendu, elle entretenait très confortablement. Cette crédulité lui valait, ainsi qu'à sa sœur, de ne jamais manquer de clients du côté des forces occultes...

Ce soir-là, en s'approchant du lit où l'enfant, un beau petit garçon blond aux yeux bleus, gémissait continuellement, elle avait une expression si joyeuse que l'impératrice la regarda avec une stupeur indignée.

– Comment peux-tu sourire quand mon enfant...

Mais sans se troubler, la grande-duchesse caressa les cheveux trempés de sueur du petit malade et coupa :

– Si tu veux recevoir l'homme que j'ai amené avec moi, Alexandra, non seulement ton fils se remettra de cet accident, mais encore il guérira.

– Que dis-tu ? Qui est cet homme, et comment peux-tu être certaine d'une pareille chose ?

– Oh ! c'est un homme tout simple, un paysan... mais c'est aussi un envoyé de Dieu ! Ses manières, je te l'accorde, ne ressemblent en rien à celles de nos gens de cour, mais quand je lui ai parlé d'Alexis...

– Parler d'Alexis ? Tu as osé ? À un paysan ?

– J'aurais dû dire : Quand nous avons parlé d'Alexis, car c'est lui qui a commencé. Quand donc nous en avons parlé, il m'a ordonné : « Va dire à l'impératrice qu'elle ne doit plus pleurer. Je guérirai son gosse et il aura des joues roses quand il sera soldat... »

Alexandra joignit les mains :

– Si cela pouvait être vrai ! Oh, Anastasia, si tu pouvais réellement avoir trouvé l'homme capable de sauver mon enfant, il n'y aurait rien que tu ne puisses obtenir de moi ! Quant à lui, je l'adorerais à genoux car ce serait vraiment un homme de Dieu. Mais qui est-il ?

L'homme se nommait Gregori Efimovitch Raspoutine et c'était un paysan des environs de Tobolsk, en Sibérie. Là-bas, il avait femme et enfants mais, un beau matin, « appelé par Dieu » il avait tout quitté pour se lancer à l'aventure sur les routes de Russie, fréquentant de préférence les couvents et une bizarre secte religieuse, celle des « Hommes de Dieu », qui professaient que la meilleure manière d'accéder à la sainteté et à la vie éternelle était de... pratiquer le péché.

– C'est seulement quand les sens sont repus, inertes à force d'avoir trop servi, que le cœur se purifie et que l'on arrive tout près de Dieu, proclamaient ces curieux religieux, en vertu du principe, commode entre tous, qui voulait que le Seigneur se préoccupât beaucoup plus aux brebis égarées qu'à celles qui restaient sagement dans les rangs du troupeau.

Enthousiasmé par une doctrine aussi conforme à ses aspirations secrètes et à sa robuste constitution, Raspoutine s'était incontinent voué au service d'un Dieu intéressant. Il était devenu ce que l'on appelait un « staretz » et que Dostoïevsky définissait pour sa part comme « un mélange de prêtre errant, de sorcier, de protecteur contre les forces du malin et... de pique-assiette. »

– Toute sa puissance, conclut la grande-duchesse, réside dans son regard, véritablement inoubliable, et dans ses mains, qu'il impose aux malades. Immédiatement, ceux-ci ressentent un grand soulagement. Veux-tu le voir ? Tu ne risques rien, il me semble.

– Il est donc ici ?

– Il attend dans l'antichambre. Mais il vaudrait peut-être mieux prévenir ton époux car c'est à lui, le tsar, de dire qui peut ou ne peut pas approcher son fils.

Comme il ne serait jamais venu à l'idée de Nicolas, aussitôt averti, d'avoir un avis différent de celui d'Alexandra, Gregori Raspoutine fit peu de temps après son entrée dans la chambre de l'enfant malade.

Tremblant à la fois de crainte et d'espoir, les deux époux virent paraître un homme d'une quarantaine d'années, grand et vigoureux, habillé comme n'importe quel paysan russe, mais d'une saleté peu engageante. D'épais cheveux noirs, négligés, se partageaient sur le sommet de sa grosse tête et rejoignaient une barbe à deux pointes et une longue moustache.

L'homme était plutôt repoussant mais, en vérité, son regard était inoubliable comme l'avait annoncé Anastasia : deux prunelles transparentes, d'un bleu très pâle de glacier, qui se plantaient dans ceux de ses interlocuteurs et ne les lâchaient plus. Un ganglion déformait l'un d'eux mais on ne voyait qu'eux dans ce visage vulgaire qu'une cicatrice zébrait au front. Malgré elle, l'impératrice frissonna quand cet étrange regard se posa sur elle.

D'ailleurs, ce furent elle et Nicolas qui se trouvèrent impressionnés car, en pénétrant dans cette pièce fastueuse, Raspoutine ne marqua aucune gêne et pas davantage à se trouver soudain en présence des maîtres de la Russie. D'un pas lourd, il s'avança vers eux et les embrassa l'un après l'autre comme des cousins de province sans que les souverains, sidérés, trouvassent seulement la force de réagir. Puis il s'approcha du lit où gémissait le tsarévitch.

Sentant une présence, le petit Alexis leva péniblement ses paupières, rencontra le regard du nouveau venu et eut un mouvement de crainte. Alors, Raspoutine prit sa main qui reposait, brûlante, sur le drap.

– N'aie pas peur, Aliocha, lui dit-il, tout va aller bien maintenant. Regarde-moi !... Regarde-moi bien ! Tu n'as plus mal, tu n'as plus mal du tout...

Il fit des passes magnétiques, rejeta le drap et prit entre ses grosses mains la jambe douloureuse puis, finalement, ordonna à l'enfant de dormir :

– Demain, tout sera fini, dit-il.

Puis, se tournant vers Alexandra, qui déjà retombait à genoux :

– Croyez dans mes prières et votre enfant vivra, dit-il.

Fut-ce une coïncidence ou l'effet d'un réel pouvoir, toujours est-il que, le lendemain, l'enfant allait mieux. Le genou désenflait... Et Alexandra, à demi folle de joie, secouée des sanglots de la délivrance, cesserait de s'appartenir pour ne plus voir le monde que par les yeux du staretz, de l'homme de Dieu qui avait guéri son fils. Très vite, elle ne serait plus qu'un instrument entre ses grosses mains... et, avec elle, toute la Russie.

L'extraordinaire faveur dont jouit aussitôt Raspoutine se répandit à travers Saint-Pétersbourg à la vitesse d'une traînée de poudre, grâce, en grande partie, aux récits lyriques répandus par la grande-duchesse Anastasia et sa sœur Militza. Puis, débordant la capitale de Pierre le Grand, la nouvelle gagna Moscou et les autres villes de la Sainte Russie.

Bientôt, la maison du « saint homme » fut assiégée, de jour comme de nuit, par une foule de solliciteurs et de malades. Chargés de présents, ils s'entassaient dans l'antichambre du grand appartement, situé au 64 de la Gorokhovaïa, où Raspoutine s'était installé en compagnie d'une parente, Dounia, qui tenait son ménage et canalisait les visiteurs. Il y avait souvent queue jusque dans la rue, mais il fut bientôt davantage question de trafic d'influence que de guérisons.

Ce tsar, cette tsarine, à peu près « aussi inaccessibles que le mikado dans son temple-palais » – ainsi que le leur avait reproché un jour le grand-duc Serge –, ne l'étaient pas pour ce grossier paysan. Bien plus, il les gouvernait. Les désirs d'un moujik crasseux avaient force de loi et, si parfois, ses conseils marqués au coin d'un certain bon sens populaire pouvaient apporter un allégement à la vie plus que difficile du peuple russe, la plupart du temps, Raspoutine s'occupait de distribuer places, pensions et bénéfices à ceux qui lui plaisaient, ou au plus offrant, à moins que ce ne soit encore pour les faveurs d'une femme qui avait su le séduire. Ce fut donc la ruée chez lui, et aucun ministre ne put être certain de garder sa place ou son portefeuille, à moins d'entretenir les meilleures relations avec le staretz.

Mais les solliciteurs n'étaient pas les seuls habitués de l'appartement parfumé au beurre rance et à la soupe aux choux. Dans la salle à manger, qui faisait suite à l'antichambre, s'entassaient visiteurs de marque et, surtout, visiteuses.

Les dames se pressaient autour du samovar, poussées par la curiosité ou par une trouble dévotion. Elles tenaient essentiellement à voir en lui un saint, même au travers des étranges pratiques religieuses auxquelles il se livrait et les invitait à se livrer avec lui.

Ainsi, quand il avait fini sa journée, Raspoutine rejoignait ses ouailles privilégiées, s'installait dans un fauteuil à bascule, tandis que Dounia actionnait le samovar, et buvait son thé en bavardant avec toutes ces dames. Puis, la dernière goutte ingurgitée, il attirait à lui, presque chaque fois, l'une de ses visiteuses, toujours jeune et belle, posait sur elle sa main crasseuse aux ongles noirs et susurrait :

– Viens ma petite colombe. Viens avec moi.

Et, tandis que le reste de l'assistance entonnait un cantique, il entraînait l'élue du jour dans la chambre voisine et s'y enfermait avec elle pour une entrevue de caractère intime sur le cérémonial de laquelle il vaut mieux ne pas insister...

L'homme qui ne savait pas mourir

Mais il venait trop de monde au numéro 64 de la rue Gorokhovaïa, et de monde trop varié, pour que les étranges pratiques religieuses de son locataire principal ne jouissent pas d'une certaine publicité. Le bruit courait dans Saint-Pétersbourg que plus d'une grande dame, de très grandes dames même parfois, avaient fait connaissance avec le petit lit de fer de Raspoutine.

On disait aussi que des mères fanatiques, envoûtées, fascinées par le staretz et pas assez belles pour espérer ses faveurs, n'hésitaient pas à lui amener leurs jeunes filles si elles avaient le malheur d'être belles... et vierges, ce qui donnait aux yeux du « saint homme » un prix supplémentaire à ce sacrifice d'un nouveau genre.

Aussi, peu à peu, une colère commença-t-elle à gronder sourdement à travers toutes les couches masculines de la société, si dissemblables cependant, contre l'homme qui livrait ainsi la Russie à la corruption et à la débauche, pour l'unique raison qu'il tenait entre ses mains sales un couple de souverains sourds, aveugles et d'une désespérante crédulité.

Quand vint la guerre de 1914-1918 et les premiers désastres subis par l'armée russe, certains pensèrent qu'il était plus que temps d'agir pour tenter de remédier à cet état de choses.

En décembre 1916, tandis que, derrière les portes closes, les volets barricadés et au fond des caves, fermentait lentement le vin vengeur de la Révolution, la situation militaire atteignit son point critique le plus aigu. Cependant, Nicolas II ne réagissait pas, opposant une force d'inertie qu'il puisait dans l'unique conscience de son rang et des devoirs de tous à l'égard d'un souverain qui se voulait absolu. Il semblait avoir perdu tout réflexe, tout sens commun. Son attitude était telle qu'un bruit étrange courait la ville et la cour : on disait que Raspoutine lui faisait administrer par la tsarine des drogues qui annihilaient sa volonté afin de l'amener à abdiquer en faveur de son fils. Et comme l'enfant était trop jeune pour régner, Alexandra Fedorovna, devenue régente, eût fait de son indispensable staretz une sorte de tsar occulte et le véritable maître de la Russie. De cela, les membres de la famille impériale avaient une conscience aiguë et ne voulaient à aucun prix.

C'est ainsi qu'un soir de ce même mois de décembre 1916, cinq hommes se réunirent dans la bibliothèque d'un fastueux palais du quai de la Moïka. C'étaient le prince Félix Youssoupoff, maître de la maison, son cousin, le grand-duc Dimitri, lui-même cousin germain du tsar, le député Pourichkévitch, le docteur Lazovert et le capitaine Soukhotine.

Au-dehors, la ville frigorifiée somnolait sous la neige mais à l'intérieur, les grands poêles de faïence entretenaient une douce chaleur. La fumée odorante des cigares bleuissait l'atmosphère et se mêlait au parfum des alcools français. Pourtant, les cinq hommes réunis dans cette pièce somptueuse ne s'y trouvaient pas pour jouir des raffinements de l'existence, mais pour y décider de la mort d'un autre homme...

Tous haïssaient Raspoutine pour divers motifs, tous étaient décidés à en débarrasser la Russie, car le peuple mourait de faim, car la guerre décimait la jeunesse tandis que la bande d'incapables portés au semblant de pouvoir par l'influence du staretz rapprochait chaque jour le pays de l'abîme.

Certains d'entre eux nourrissaient en outre des griefs personnels. L'impudence du bonhomme ne connaissait plus de bornes et il n'était plus aucune femme de bonne famille, aucune fille un peu jolie qui pût se croire à l'abri de ses entreprises. On disait même qu'il avait émis la prétention d'amener jusqu'à son lit la belle et fière grande-duchesse Irène, devenue depuis peu l'épouse de Youssoupoff.

C'était celui-ci, bien entendu, qui menait la réunion.

– Je ne peux, disait-il, que vous rapporter les paroles du président de la Douma, Rodzianko. Il m'a dit hier : « La seule chance de salut serait de tuer ce misérable, mais il ne se trouve pas un seul homme en Russie qui ait le courage de le faire. Moi, si je n'étais pas si vieux, je m'en chargerais. »

– L'âge ne fait rien à la chose, dit le grand-duc en haussant les épaules. Rodzianko est comme les autres : il a peur.

– Voilà pourquoi j'estime que cette tâche nous incombe, reprit Youssoupoff. C'est à nous de libérer la Russie de l'opprobre.

– Je suis entièrement d'accord avec toi, mais Raspoutine est malin. Il sait bien que nous le haïssons et il se garde en conséquence. Le prendre au piège n'est pas si facile.

– C'est selon. Sachez, Messieurs, que ce cuistre m'honore depuis quelque temps d'une flatteuse prédilection et qu'il réclame, depuis longtemps déjà, le plaisir de visiter cette demeure. Pourquoi n'en pas profiter ?

Les raisons de l'attirance qu'exerçait Félix Youssoupoff sur le staretz étaient assez mal définies. Le charme de la grande-duchesse Irène y entrait sans doute pour beaucoup, mais peut-être aussi la personnalité propre au prince lui-même. La beauté exerçait sur l'étrange saint homme un irrésistible attrait et peu d'hommes pouvaient se vanter d'être aussi beau que ce jeune prince en qui se trouvaient réunies toutes les perfections physiques jointes à toutes les qualités d'une grande race. Et si, en effet, quelqu'un avait une chance de l'attirer dans un traquenard, c'était lui et lui seul.

On décida donc d'en profiter et l'on mit au point un scénario où rien ne devait être laissé au hasard : sous couleur de l'emmener chez lui boire un verre en sa compagnie et en celle de sa femme, Youssoupoff irait un soir chercher Raspoutine. À tous les coups, cela marcherait, puisque depuis longtemps, Raspoutine pressait le prince d'agir ainsi, sans doute pour pouvoir approcher enfin la fière Irène.

– Quand il arrivera, expliqua le prince, je le ferai entrer dans la salle à manger sous le prétexte que ma femme reçoit à l'étage des amis sur le point de se retirer. La pièce offrira l'aspect exact de ses pareilles lorsque les convives viennent de quitter la table, mais il restera dessus suffisamment de choses susceptibles de tenter la gourmandise de mon invité. À nous de faire en sorte que ces gourmandises soient les dernières...

Et en effet, au soir du 29 décembre, les conjurés se retrouvaient au palais de la Moïka pour préparer la mise en scène du meurtre.

Sur une table nappée de dentelle, chargée d'argenterie et de fleurs, on disposa quatre couverts dans le désordre des fins de repas. Puis on plaça des assiettes de gâteaux entamés de deux sortes : les uns à la crème rose, que le staretz aimait particulièrement et les autres au chocolat. Quelques bouteilles de vin à demi vides complétèrent le décor. C'étaient du madère et du vin de Crimée.

Le docteur Lazovert enfila des gants de caoutchouc, sortit de sa poche une boîte hermétiquement fermée puis, prenant un couteau, ouvrit les gâteaux roses par le milieu en prenant bien soin de ne pas les abîmer. Cela fait, il saupoudra toutes les moitiés inférieures de cyanure de potassium, les referma mais en découpa un dont il laissa quelques bribes sur une assiette. Sur une autre, il laissa l'un des gâteaux au chocolat dont il mangea la moitié en prenant soin de laisser bien apparente la trace de ses dents. Enfin, il ôta ses gants et les jeta au feu.

Pendant ce temps, le prince Félix avait sorti de son bureau deux flacons contenant une solution de cyanure qu'il tendit à Pourichkévitch avec mission d'en remplir à mi-hauteur deux des quatre verres qui se trouvaient sur la table. Cela devait être fait vingt minutes exactement après que Youssoupoff fut parti chercher Raspoutine.

Ceci fait, il partit. Il était temps de passer à l'exécution.

Pour laisser ses domestiques en dehors de l'affaire, Youssoupoff les avait envoyés se coucher, et ce fut le docteur Lazovert, déguisé en chauffeur, qui monta sur le siège de la luxueuse limousine dans laquelle le prince prit place. Et l'on se dirigea vers la Gorokhovaïa...

Raspoutine se laissa emmener sans défiance aucune. La perspective de passer une joyeuse soirée intime entre son ami Félix et l'inaccessible, mais si belle, princesse Irène, dont il n'était pas loin de penser qu'un mari complaisant la lui livrerait au dessert (il en avait déjà vu bien d'autres !...), le mettait de belle humeur. Il se montra affectueux, démonstratif même. Mais en arrivant dans le vestibule du palais, il fronça les sourcils en entendant des bruits de voix et l'écho d'une chanson américaine jouée par le Gramophone.

– Qu'est-ce que cela ? Fait-on la fête ici ? Je croyais que nous serions seuls...

– Ce n'est rien. Ma femme a reçu quelques amis. Ils sont dans le salon du premier étage, mais ils vont bientôt partir. Allons dans la salle à manger, et en attendant qu'elle en ait fini, nous prendrons le thé pour tuer le temps.

On passa donc dans la salle à manger, une grande pièce basse du rez-de-chaussée qui se trouvait dans l'état que l'on sait. Raspoutine examina les meubles, la décoration, les pièces d'argenterie, mais refusa d'abord de boire du vin.

– Tu m'as proposé du thé, j'aimerais mieux du thé, dit-il à son hôte désappointé, qui se traita mentalement d'imbécile. Mais il reprit courage en voyant que, le thé une fois servi, Raspoutine acceptait volontiers un gâteau rose, puis un autre... puis un troisième.

Youssoupoff retenait sa respiration, s'attendant à chaque seconde à voir le staretz s'abattre à ses pieds, foudroyé par le poison. Mais il n'en fut rien. Sans paraître autrement incommodé, l'étrange bonhomme continua de parler d'abondance, vantant inlassablement ses propres mérites et l'exceptionnelle protection dont l'honorait le Seigneur-Dieu.

Néanmoins, comme le thé n'arrivait pas à étancher sa soif qui était grande, il demanda du vin. Le prince versa du vin de Crimée dans l'un des verres contenant déjà du cyanure et le lui tendit. Et Raspoutine but jusqu'à la dernière goutte... et resta debout.

– Tu n'es pas bien, petit père ? interrogea le prince en le voyant porter la main vers sa gorge.

– Ce n'est rien. Simplement, un chatouillement dans la gorge. Mais donne-moi plutôt du madère. J'aime le madère.

Un nouveau cocktail cyanure-madère lui fut offert, qu'il avala avec le même plaisir que celui au vin de Crimée et sans en montrer plus de malaise. La sueur commençait à perler au front de Youssoupoff. Raspoutine buvait, mangeait des mets qui auraient tué plusieurs chevaux et n'en paraissait même pas gêné... Qu'est-ce que c'était que cet homme ? Félix luttait contre la folle impulsion de faire le signe de croix... Et le temps passait.

– Que fait donc ta femme ? dit le staretz impatienté. On dirait qu'elle se fait bien attendre.

– Je vais voir ce qu'il en est, dit le prince, trop heureux de ce prétexte qui lui était offert de fuir un instant cette scène hallucinante, car, malgré son courage, il se sentait étouffer en face de cet homme qui refusait si fabuleusement de mourir.

Il courut à l'étage où les quatre autres l'attendaient et, d'une voix qui s'étranglait, il leur raconta ce qui se passait.

– La dose était pourtant énorme, dit le docteur. A-t-il tout avalé ?

– Tout ! Que dois-je faire ?

– Redescendre. Le poison devrait finir par agir, mais si dans cinq minutes il ne se produisait rien de nouveau, revenez ici. Nous déciderons ensemble de ce qu'il faut faire.

Mais Youssoupoff était incapable de supporter plus longtemps l'affreux tête-à-tête. Il décida d'en finir seul et lui-même. La nuit, en effet, s'avançait et l'on ne pouvait courir la mauvaise chance que le jour trouvât dans son palais le cadavre de Raspoutine. Il prit un pistolet, l'arma, le cacha sous sa blouse de soie et regagna la salle à manger.

Raspoutine alors se plaignit à lui d'une sensation de brûlure à l'estomac, réclama encore du madère qu'il jugea meilleur que le premier et, finalement, se leva pour aller examiner un petit meuble qui lui plaisait. Alors, comme il lui tournait le dos, Youssoupoff sortit son pistolet et tira. Avec un « rugissement sauvage », le staretz s'abattit enfin sur le tapis.

Attirés par le coup de feu, les autres conjurés accoururent et virent Raspoutine étendu à terre, sans mouvement. Aucune trace de sang ne se voyait, l'hémorragie ayant été sans doute interne.

Le docteur Lazovert s'agenouilla auprès du corps pour l'examiner. La balle avait traversé la région du cœur.

– Cette fois il est mort, dit-il. Reste à faire disparaître cet encombrant cadavre...

On avait décidé que le grand-Duc et le docteur feindraient pour les passants de ramener chez lui un Raspoutine dont le rôle serait joué par Soukhotine, et cela avec le plus de bruit possible, après quoi tous deux reviendraient séparément pour aider à emporter le corps jusqu'à la Neva.

Quand ils furent partis, Youssoupoff et Pourichkévitch demeurèrent seuls avec le cadavre. Le deuxième se pencha, prit le poignet de Raspoutine, chercha le pouls. Il n'y en avait plus.

– Il est bien mort, dit-il. Et il sortit pour aller chercher des cigares dans le cabinet de travail.

C'est alors que le prince crut qu'il allait devenir fou car, à peine était-il seul avec le cadavre, que celui-ci ouvrit un œil, puis l'autre, se remit debout et, le regard flamboyant de haine, se jeta sur le jeune homme pour l'étrangler. Avec un hurlement de terreur, Youssoupoff évita les mains meurtrières, sortit de la pièce en courant et se jeta dans l'escalier, appelant Pourichkévitch qui accourut aussitôt, armé d'un revolver.

Le député, les cheveux dressés par l'horreur, vit le cadavre sortir du palais, s'élancer dans la cour blanche de neige. Alors il tira, manqua la grande silhouette, qui ne ralentit pas. Une seconde balle n'eut pas plus de chance, la troisième atteignit Raspoutine à la colonne vertébrale. Il cessa de courir mais ne tomba pas, demeurant comme pétrifié sur ses pieds. Une quatrième fois, avec une rage désespérée, Pourichkévitch fit feu. La balle frappa la tête... et cette fois, Raspoutine s'abattit pour ne plus se relever.

Il était temps. Les deux acteurs de cette scène hallucinante étaient eux aussi sur le point de s'effondrer.

Une heure plus tard, les trois autres conjurés revenus emportaient le cadavre du staretz jusqu'à l'île Petrovski. Les eaux glacées de la Neva se refermèrent à jamais sur lui. Mais il était tout de même trop tard pour arrêter la marche de l'Histoire. Plus rien ne pouvait sauver le régime tsariste...

[illegible] pas [illegible] l'appendice [illegible] Il y [illegible]

– [illegible] pour [illegible] dans le cabinet de [illegible]

C'est [illegible] deux [illegible] à peine [illegible] avec le [illegible] qui [illegible] publié, [illegible]

Cela [illegible] du [illegible] dans [illegible] grande [illegible] est [illegible] Une [illegible] Il [illegible] comme [illegible] sur ses [illegible] pour [illegible] sur ce point [illegible]

[illegible] le [illegible] quand [illegible] de la [illegible] Mais [illegible] de [illegible] pour [illegible]

La maison Ipatiev

La nouvelle de la mort de Raspoutine fut diversement accueillie à Saint-Pétersbourg. Dans le public, il y eut d'intenses manifestations de joie, et dans les théâtres surtout, l'effervescence de la foule atteignit de vastes proportions. Les portraits de Felix Youssoupoff et du grand-duc Dimitri s'étalèrent au grand jour. Les membres de la famille impériale exultèrent, mais l'impératrice, accablée de douleur, manifesta une soif de vengeance qui souleva contre elle un regain d'hostilité.

Le tsar était revenu à Tsarskoïé Selo, depuis le quartier général des armées de Mohilov, pour le service funèbre qu'Alexandra avait décrété en l'honneur de son favori et, sous l'influence de celle-ci, des mesures sévères furent prises contre les principaux meurtriers : Youssoupoff fut exilé sur la plus lointaine de ses terres. Quant au jeune grand-duc Dimitri, on l'envoya dans l'un des coins les plus insalubres de la Perse, en dépit des protestations et des pleurs de la famille impériale...

L'atmosphère autour des souverains devint telle et si houleuse que l'ambassadeur d'Angleterre, sir

George Buchanan, demanda une audience à Nicolas II pour le supplier de modérer ses vues autocratiques en faveur d'un gouvernement semi-constitutionnel qui pourrait partager avec lui la responsabilité de terminer cette guerre désastreuse. En effet, les troupes russes, mal nourries, mal vêtues, mal entraînées, tombaient comme des mouches en dépit de leur courage, et tandis qu'ils faisaient de leur mieux pour résister à la poussée allemande, les bolcheviks faisaient sauter les usines de munitions de Kazan.

La Révolution, emmenée par Lénine et Trotsky, grondait à travers tout le pays, l'armée n'était plus sûre, ainsi que le fit remarquer l'ambassadeur en essayant de faire comprendre au tsar qu'en cas de troubles, il ne pourrait compter que sur un petit nombre de défenseurs.

Il perdit son temps. Rien ne pouvait aller contre l'influence d'Alexandra, résolue à exiger de son époux qu'il combattît jusqu'à la fin pour le maintien d'une autocratie passée de siècle mais à laquelle elle tenait. D'ailleurs, trop absorbée par son chagrin, elle semblait n'avoir aucun pressentiment, aucune idée de ce qui se préparait.

Le 19 février, le grand-duc Michel vint au palais supplier son frère de retourner au quartier général : il estimait que seule la présence du souverain pourrait apaiser les graves menaces de révolte qui s'annonçaient.

Nicolas II s'y résigna difficilement, d'autant qu'à Saint-Pétersbourg même, la révolte éclatait et qu'il avait été nécessaire de faire appel aux cosaques : ils avaient chargé la foule. Le manque de vivres, en effet, exaspérait la population, mais à Tsarskoïé Selo, la résidence impériale, nul, et l'impératrice moins que quiconque, ne paraissait mesurer la gravité de la situation.

Pour elle, une seule chose comptait : une épidémie de rougeole s'était déclarée chez ses enfants et, dépouillant la souveraine, Alexandra ne fut plus qu'une mère inquiète doublée d'une infirmière.

Hélas, Nicolas II ne retournait aux armées que pour bien peu de temps : le 2 mars, il était contraint d'abdiquer en son nom et en celui de son fils. Il le fit en faveur de son frère, le grand-duc Michel, qui hélas renonçait dès le lendemain à régner en apprenant que le nouveau régime, celui des progressistes radicaux et des octobristes, présidé par le prince progressiste Lvov, considérait sa nomination comme illégale. Cette fois, le régime tsariste venait de tomber définitivement.

Ce fut par le grand-duc Paul que l'impératrice apprit la terrible nouvelle. Or, de cette minute, une extraordinaire transformation s'opéra chez cette femme étrange, qui n'avait pas su être grande au sommet de la puissance et qui le devint au sommet du malheur.

Bien que de grosses larmes tombassent de ses yeux, elle supporta le coup avec une grande dignité et n'eut pas un mot de regret pour le rang qu'elle venait de perdre.

– Je ne suis plus une impératrice, dit-elle, mais je suis encore une sœur de charité et c'est seulement en cette qualité que je désire être traitée.

Et elle retourna au chevet de ses enfants malades, à celui aussi de son intime amie, cette Anna Viroubova qu'elle chérissait entre toutes et qui avait été cependant son plus mauvais génie, atteinte elle aussi de la rougeole.

On ne peut s'empêcher de comparer alors Alexandra à Marie-Antoinette. Ni l'une ni l'autre ne surent être une souveraine, mais l'une comme l'autre surent être une martyre.

Les jours qui suivirent furent des jours d'angoisse et d'agonie morale pour cette femme, qui ne savait plus rien de son époux et craignait à chaque instant d'apprendre qu'il avait été assassiné. En outre, elle était seule, ou peu s'en faut : le palais s'était vidé comme par magie et seuls demeuraient de rares fidèles : le vieux comte Benkendorff, le docteur Botkine, qui allait suivre jusqu'au bout et jusqu'à sa propre mort le calvaire de la famille impériale, deux dames d'honneur et un seul aide de camp de l'empereur, le comte Zamoyski... un Polonais que jusqu'à présent, Alexandra avait assez mal traité.

Le filet, peu à peu, se resserrait. Quelques jours encore et l'impératrice était prisonnière dans son propre palais et privée du droit de communiquer avec ses rares amis. Ce fut alors que Nicolas II, à son tour prisonnier, vint la rejoindre pour partager son sort.

Quand ils se revirent, Nicolas s'écroula en sanglotant dans ses bras et Alexandra ne pensa plus qu'à le réconforter, à l'aider, lui qui à présent était si désarmé. Sa conduite à elle ne fut plus que soumission à la volonté divine : jamais on ne l'entendit murmurer ni d'ailleurs permettre le moindre murmure à ceux de son entourage, un entourage bien restreint, puisque le grand-duc Michel lui-même ne put obtenir la permission de voir son frère.

Et puis, vinrent les avanies, les insultes, les grossièretés calculées des gardiens, hier encore aplatis dans la poussière en leur présence... le tout supporté le front haut et avec un rare courage.

Par l'entremise de Sir George Buchanan, le gouvernement britannique offrit asile au tsar déchu – un peu trop tard peut-être ! –, mais le gouvernement du prince Lvov refusa, affirmant qu'il ne se trouvait pas assez puissant pour assurer que les prisonniers pourraient arriver sains et saufs en Angleterre, les ouvriers menaçant d'arracher les rails sur le passage du train qui les emmènerait.

La sécurité de la famille impériale fut le prétexte allégué pour lui faire quitter Tsarskoïé Selo et l'assigner à une autre résidence. Ce fut... Tobolsk, en Sibérie. Tobolsk, la petite ville sinistre et glaciale d'où était venu le désastreux Raspoutine, que l'on choisit, comme si, dans cet immense empire, il n'y avait pas d'autre endroit que la terrible Sibérie.

En pleine nuit, au mois d'août, le tsar et sa famille quittèrent leur palais pour n'y plus revenir : c'était la fin du livre dont le premier chapitre remontait si loin dans le temps.

L'hiver à Tobolsk fut pénible. Les lettres de la tsarine à Anna Vyroubova en donnent un reflet :

« Je tricote des bas pour le petit. Il en a demandé une paire car tous les siens sont troués. Les miens sont chauds et épais comme ceux que je donnais aux blessés, vous souvenez-vous ? À présent, je fais tout moi-même. Les pantalons du Père sont déchirés et reprisés, le linge des petites en loques. N'est-ce pas affreux ? »

Mais Tobolsk n'était que l'avant-dernière étape. En Russie, tout changeait à une allure terrifiante. Au gouvernement du prince Lvov avait succédé le gouvernement Kerenski, qui avait duré jusqu'en octobre 1917. Mais en octobre, Lénine, réfugié depuis mars en Allemagne, où il avait reçu asile et d'où il avait pu former les premiers soviets, en Allemagne dont il s'était fait l'agent par haine du régime tsariste [1],

1. Témoignage du général allemand Ludendorff : « Notre gouvernement, en envoyant Lénine à Moscou, se chargea de la plus lourde responsabilité. Ce voyage se justifiait au point de vue militaire : il était nécessaire pour que la Russie fût jetée bas... »

Lénine était revenu. Il avait balayé Kerenski et désormais, le maître c'était lui ! Un maître d'autant plus impitoyable qu'une armée blanche s'était formée, regroupant les partisans du tsar : les généraux Krasnov et Mamontov avaient soulevé les cosaques, Denikine, Alexeiev et Kornilov le Caucase du Nord, Wrangel s'apprêtait à en faire autant aux frontières de Pologne et, en Sibérie même, l'amiral Koltchak avait organisé une armée.

Ce furent les mouvements de cette armée et la haine de Lénine qui poussèrent le gouvernement bolchevik à tirer la famille impériale de Tobolsk pour la transférer à Ekaterinenbourg, où elle arriva moitié le 30 avril, moitié le 23 mai.

Quelques fidèles qui s'étaient regroupés à Tobolsk l'avaient suivie mais, pour la plupart, ils furent brutalement rejetés.

La maison Ipatiev, qui appartenait à un riche marchand de la ville, était une habitation spacieuse, blanche, de deux étages et de style prétentieux. Assez confortable, mais meublée avec une absence de goût absolue. Elle était entourée d'un étroit jardin, qui bientôt disparut aux regards de l'extérieur car l'on construisit autour de la demeure, une double palissade de bois flanquée de guérites pour les factionnaires, qui en firent un véritable camp retranché (cinquante-trois gardes étaient commis à la surveillance de ce petit groupe de personnes).

Ce que furent les trois mois que cette malheureuse famille avait encore à vivre, les témoignages réunis par la suite et portés à la connaissance du public par l'écrivain Michel de Saint-Pierre, en donnent l'image la plus claire et la plus navrante. La pire grossièreté se déchaîna librement sur cet homme doux et silencieux, cette femme fière et muette, et sur ces cinq enfants pleins de charme et infiniment touchants.

Olga, l'aînée des grandes-duchesses, avait déjà vingt-deux ans, Tatiana en avait vingt, Maria, dix-huit, et Anastasia, la plus jeune, seize. Quant au petit tsarévitch Alexis, quatorze ans, il était malade et souffrait tant de ses jambes qu'il fallait le porter la plupart du temps, ce dont se chargeaient son père et le fidèle matelot Nagorny, qui lui avait été attaché et ne le quittait jamais.

L'un des gardiens, Proskouriakov, devait tracer le tableau que voici :

« Les prisonniers se levaient le matin à huit ou neuf heures et priaient ensemble. Ils se réunissaient dans la même chambre et chantaient en commun. Le déjeuner était à trois heures. Ils mangeaient tous dans la même pièce, les domestiques à leur table. À neuf heures du soir, avaient lieu le souper, le thé, puis ils allaient se coucher. La journée se passait de la façon suivante : le tsar lisait, l'impératrice lisait aussi ou cousait avec ses filles. Aucun travail physique ne leur était permis en plein air... Benjamin Saphonov commença à se livrer à de lourdes grossièretés. Il n'y avait qu'un cabinet de toilette pour toute la famille impériale. Autour de ce cabinet, Saphonov écrivait des saletés. Une fois, il grimpa sur la palissade, juste sous les fenêtres, et se mit à chanter des chansons obscènes. André Strékotine dessina dans les chambres du bas des caricatures grossières... »

Une autre déposition dit :

« Avdeiev (l'homme chargé de gouverner cette affreuse maison) se conduisait d'une façon dégoûtante. Les domestiques et les commissaires mangeaient à la même table que Leurs Majestés. Un jour, Avdeiev, assistant à l'un de ces repas, avait gardé sa casquette sur la tête et fumait une cigarette. Comme on mangeait des côtelettes, il prit son assiette et, passant le bras entre Leurs Majestés, il se servit. En déposant une côtelette sur son assiette, il plia le bras et frappa l'Empereur du coude au visage.

Lorsque les grandes-duchesses allaient au cabinet de toilette, elles se heurtaient à une sentinelle qui leur adressait de grossières plaisanteries, leur demandant où elles allaient et pourquoi. Puis, lorsqu'elles étaient entrées, le garde s'adossait à la porte... »

Et le matelot Nagorny de protester :

« Leurs Majestés étaient grossièrement traitées. Elles subissaient un régime effrayant et chaque jour, il devint pire. On leur donnait d'abord vingt minutes pour se promener puis ce temps fut diminué jusqu'à cinq minutes. Il n'était pas permis de faire de l'exercice physique. Le tsarévitch était malade... L'attitude des gardiens était plus particulièrement ignoble à l'égard des grandes-duchesses : ces jeunes filles ne pouvaient aller aux water-closets sans garde rouge. Le soir, elles étaient forcées de jouer du piano... »

Cette claustration navrante dans une pénible promiscuité se fût peut-être prolongée davantage, si les nouvelles n'étaient devenues tout à coup inquiétantes pour les bourreaux du dernier tsar et de sa famille : les Blancs atteignaient l'Oural et approchaient de cette petite ville d'Ekaterinenbourg. Alors...

Alors, dans la nuit du 16 au 17 juillet 1918, entre minuit et une heure du matin, tandis que tout dormait dans la maison Ipatiev, une troupe d'hommes armés envahit la demeure avec à sa tête le commissaire Yourovski, chef des policiers de l'endroit.

Immédiatement, on réveilla les prisonniers, auxquels on donna l'ordre de descendre dans une petite pièce du sous-sol, une cave étroite et nue... S'y entassèrent le tsar, qui portait son fils dans ses bras, la tsarine, les quatre grandes-duchesses, le docteur Botkine, la fidèle femme de chambre Demidova et deux serviteurs.

Les bourreaux étaient pressés sans doute, car à peine Nicolas II était-il entré que Yourouvsky braquait son revolver sur lui.

– Les vôtres ont voulu vous sauver mais ils n'y ont pas réussi et nous sommes obligés de vous fusiller.

Tout en parlant, il appuyait sur la détente. Le tsar s'abattit comme une masse tandis qu'autour de lui les coups de feu crépitaient, abattant impitoyablement dix personnes et un enfant malade.

Quand la fusillade cessa, une seule des grandes-duchesses respirait encore : la petite Anastasia. On l'acheva d'un coup de baïonnette...

Puis, sans perdre un instant, on emporta les onze cadavres jusqu'à un camion qui les conduisit dans une clairière de la forêt de Koptiaki, à vingt-cinq verstes environ de la ville [1]. Là, les corps furent déshabillés, dépecés, arrosés d'acide sulfurique et de benzine avant qu'on y mît le feu. Ce qui restait fut jeté dans un puits de mine rempli d'eau avec les cendres des vêtements et les débris qui avaient résisté au feu...

Quelques jours après, les Blancs reprenaient Ekaterinenbourg. Quelques jours de trop !

Quatre ans plus tard, Lénine, frappé d'hémiplégie, laissait sa place de Secrétaire général du parti à Staline.

1. La verste équivaut à peu près au kilomètre.

TABLE DES MATIÈRES

APRÈS WATERLOO...

Les dernières roses de Malmaison 11

ON L'APPELAIT « SISSI »...

« Sissi » et le mariage 27
« Sissi » et le shah de Perse 47
« Sissi » et le domino jaune 57
« Sissi » et Katharina Schratt 67
« Sissi » et la malédiction 77

LA SANGLANTE COURONNE DU MEXIQUE

Le tour d'Europe d'un archiduc 93
Visites d'adieu 114
Le drame mexicain 122

DEUX VICTIMES DE MAYERLING

L'épouse de Rodolphe, Stéphanie de Belgique 141
Le cousin de Rodolphe, Jean-Salvator, archiduc d'Autriche, prince de Toscane 159

EMPEREURS D'ALLEMAGNE

Le romantique amour de Guillaume Ier 181
Cent jours pour l'empereur Frédéric III..... 201

LA DERNIÈRE TSARINE

Un mariage inespéré 219
Un paysan venu de Tobolsk................. 229
L'homme qui ne savait pas mourir 239
La maison Ipatiev 249

DU MÊME AUTEUR
CHEZ POCKET

La Florentine

1. Fiora et le Magnifique
2. Fiora et le Téméraire
3. Fiora et le Pape
4. Fiora et le roi de France

Les dames du Méditerranée-Express

1. La jeune mariée
2. La fière Américaine
3. La princesse mandchoue

Catherine

1. Il suffit d'un amour t1
2. Il suffit d'un amour t2
3. Belle catherine
4. Catherine des grands chemins
5. Catherine et le temps d'aimer
6. Piège pour catherine

Dans le lit des rois
Dans le lit des reines

Le roman des châteaux de France t. 1 et t. 2

Un aussi long chemin

De deux roses l'une

Impression réalisée sur Presse Offset par

BRODARD & TAUPIN

GROUPE CPI

20654 – La Flèche (Sarthe), le 19-11-2003

Dépôt légal : décembre 2003

POCKET – 12, avenue d'Italie - 75627 Paris cedex 13
Tél. : 01.44.16.05.00

Imprimé en France